KB153223

서울대 합격생
엄마표 공부법

서울대 합격생 엄마들의 입시 성공 노하우 전격 공개

서울대 합격생 엄마표 공부법

초판 1쇄   펴낸 날 2020년 2월 3일
초판 2쇄   펴낸 날 2020년 3월 19일

지은이   김혜영·장광원

발행인   육혜원
발행처   이화북스
등 록   2017년 12월 26일(제2017-0000-75호)
주 소   경기도 파주시 책향기로 403, 705동 406호
전화   02-2691-3864
팩스   031-946-1225
전자우편   ewhabooks@naver.com

디자인   책은우주다

ISBN   979-11-90626-00-2 (03370)

이 도서의 국립중앙도서관 출판예정도서목록(CIP)은 서지정보유통지원시스템 홈페이지(http://seoji.nl.go.kr)와
국가자료공동목록시스템(http://www.nl.go.kr/kolisnet)에서 이용하실 수 있습니다.(CIP제어번호: CIP2020002641)

• 이 책은 저작권법에 따라 보호받는 저작물이므로, 저작자와 출판사 양측의 허락 없이는
  일부 혹은 전체를 인용하거나 옮겨 실을 수 없습니다.
• 책값은 뒤표지에 있습니다.

서울대 합격생 엄마들의
입시 성공 노하우 전격 공개

서울대 합격생
엄마표 공부법

김혜영·장광원 지음

이화북스

입학사정관으로 일하면서 전국의 고등학교를 돌아다니며 많은 교사와 학생들을 만나고 학부모들과도 상담했습니다. 제가 봤던 서류의 대부분은 아이들이 12년 동안 공부했던 결과물이었습니다. 나눴던 대화도 그 결과물로 대학에 합격할 수 있을지, 없을지에 대한 것에 집중되었습니다.

아이들이 어떤 과정을 거쳐 공부했고 어떻게 어려움을 극복했는지를 알고 싶었지만 제대로 파악하기에는 많은 제약이 있었습니다. 따라서 기회가 된다면 입시에 성공한 아이들의 결과뿐만 아니라 그 아이들의 어머님들이 어떻게 아이를 키웠는지, 아이의 인성, 공부법, 시간 관리, 스펙 쌓기, 학원 선택, 입시 전략 등 엄마들의 입시와 교육에 관한 그야말로 풀스토리를 알고 싶었습니다. 이런 바람을 안고 자녀를 서울대에 보낸 전국의 어머니들을 만나 직접 인터뷰한 결과물이 이 책입니다.

'아들을 결혼시킬 때는 미래의 며느리 엄마를 보고, 딸을 결혼시킬 때면 미래 사위의 아빠를 보라'는 말이 있습니다. 하지만 입시에서는 딸이건 아들이건 엄마를 보라고 말하고 싶습니다. 엄마에 따라 학생부의 질과 양이 달라집니다. 상담하면서 시간을 되돌릴 수 있다면 뭐든 다 할 거라면서 자신을 자책하며 우는 엄마들도 많습니다. 물론 아이 입시 상담을 위해 휴가를 낸 아빠도 있기는 합니다. 아이들의 입시에 있어서 부모님, 특히 엄마들의 역할은 매우 중요합니다. "대한민국에서 입시는 엄마와 아이가 함께 가는 여정"이니까요.

이 책이 나오기까지 힘들 때도 많았지만 우리나라의 교육과 입시에 대해 그리고 학부모와 학생들에 대해서도 많은 생각을 해볼 수 있는 기회가 되어 저 자신에게도 의미 있는 시간들이었습니다. "아이를 키우는 과정은 아이뿐만 아니라 내 자신이 성장하는 과정이기도 했다"고 말씀하시는 어머님이 계셨습니다. 저 역시 많은 어머님들의 이야기를 들으며 심신 건강하게 잘 키워주신 부모님의 수고스러움과 감사함을 더 느꼈고 제 자신을 성찰하고 성장할 수 있었습니다. 지면의 한계로 다 싣지는 못했지만 아이들을 키우면서 체득한 소중한 경험들이 너무나도 많았습니다. 부디 이 책이 앞으로 똑같은 여정을 겪을 독자들에게 많은 도움이 되기를 소망합니다.

여러 번 연락해서 자료를 부탁해도 바쁘신 와중에 빠른 답변 주셨던 어머님, 직접 손수 밥도 지어주신 어머님, 인터뷰 과정에서 아이와의 소중한 추억을 떠오르게 해주었다면서 오히려 저에게 고마

위하셨던 어머님, 아이의 이야기뿐 아니라 교육에 대해 좋은 말씀 주셨던 어머님 등 모든 어머님들께 감사드립니다. 앞으로 입시 여정을 겪을 후배 독자들을 위해 아이들(이미 성인이지만)의 단점까지도 모두 밝힐 수 있도록 허락해 주셔서 더더욱 고마움을 느낍니다. 여전히 자신의 꿈을 향해 달려가고 있는 이들이 자신의 꿈을 성취하기를 기원하고 또 기원합니다.

김혜영·장광원

1 두 아이의 입시를 치르면서 깨달은 것들

2 한 걸음 한 걸음 걷다 보면 언젠가는 그곳에 가 있을 거야

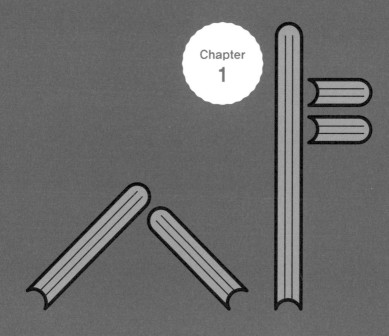

Chapter
1

두 아이의 입시를

치르면서 깨달은 것들

학부모 **이명희**

학생 **구상희** 서울대학교 경영학과, 둔촌고등학교, 일반전형

학생 **구상모** 서울대학교 산업공학과, 동북고등학교, 지역균형선발전형

두 아이 모두 서울대학교에 들어간 뒤에야 비로소 내 시간을 갖게 되었습니다. 지금은 주위 엄마들이 손을 내밀 때 우리 아이들이 만들었던 자료와 나의 경험을 공유하면서 도움을 주고 있습니다.

나는 지금도 버스가 하루에 서너 대만 다니는 시골 깡촌에서 3남 1녀의 큰딸로 태어났습니다. 하고 싶은 것도 많았고 서울의 대학교에 가고 싶었지만, 그 바람을 이룰 수 없었습니다. 그래서 더더욱 우리 아이들은 좋은 환경에서 다양한 체험을 하면서 자라게 하고 싶었습니다.

한 뱃속에서 태어났지만 두 아이의 성향이 너무도 달랐습니다. 큰아이는 초등학교 저학년일 때부터 엄마의 간섭을 싫어할 정도로 독립성이 강했던 반면 둘째는 온순한 편이어서 엄마가 원하는 대로 잘 따라 주고 말도 잘 들었습니다. 두 아이를 키우면서 아이의 특성에 맞게 키우는 것이 중요하다는 사실을 알았습니다.

큰아이를 자연스럽게 따라 한 둘째 아이

경기도 용인의 죽전동에 살다가 남편의 출퇴근이 힘들어서 시댁과 가까운 서울의 성내동으로 이사했습니다. 남편과 나는 시골 출신이어서 조기 교육 같은 것에 거의 관심이 없었고, 아이들을 마냥 자유롭게 키우고 싶었습니다. 하지만 성내동으로 이사한 뒤로는 생각이 달라졌습니다. 같은 아파트 단지에 사는 엄마들의 교육열이 상당히 높았고, 나도 적잖이 그 영향을 받았기 때문입니다.

첫째 아이 상희는 언어에 대한 감각이 뛰어나서 23개월쯤 되었을 때 말문이 틔었습니다. 두 돌쯤 지나서 한솔교육의 한글나라를 시켰는데, 잘 따라왔습니다. 그에 비해 둘째인 상모는 말도 느리고 몸도 약해서 부모의 손길이 많이 필요했습니다. 그래서 자랄 때까지 첫째보다는 둘째에게 신경을 많이 써야 했습니다. 상모는 세 살쯤 말을 시작했지만 누나가 하는 것을 보고 자라서 그런지 단어는 곧잘 알아듣는 편이었습니다.

보통 첫째들이 동생이 생기면 질투심에 부모한테 잘 보이고 싶어서 뭐든지 잘하려고 한다는데, 상희는 그래서인지 한글을 빨리 익혔습니다. 한글나라의 스티커나 플래시 카드를 잘 활용했습니다. 장롱이나 컵 등 온 집 안의 곳곳에 한글 스티커를 붙였습니다. 그것으로 충분하지 않을 때는 색종이를 오려서 여기저기 붙여 놓기도 해서 집이 좀 지저분한 편이었습니다. 어느 집이나 아이가 있는 집은 다

비슷할 겁니다.

어렸을 때부터 상모의 롤 모델은 부모가 아니라 누나였습니다. 큰아이가 작은아이를 어렸을 때부터 잘 챙겨 주었고, 작은아이도 무엇이든 누나만큼 잘하고 싶어 하고 말도 잘 들어서 둘이 사이가 아주 좋았습니다. 고등학생 때도 상모는 엄마가 권하는 것은 안 해도 누나가 추천하면 잘 따랐습니다. 다 자란 뒤에도 다른 남매들과는 달리 상희가 상모 무릎에 머리를 대고 TV를 보기도 하고, 상희가 상모의 여드름을 짜 주기도 했습니다. 심지어 상희는 다 큰 상모를 부를 때 징그럽게도 "애기야"라고 부릅니다.

독서는 평생의 재산

내가 책을 좋아했기 때문에 아이들이 언제든 책을 볼 수 있도록 웅진이나 교원에서 출판한 전집을 많이 샀습니다. 위인전 전집, 세계사 전집, 명작 전집, 백과사전, 21세기 백과사전 등을 비롯하여 미술 관련 교구와 교재 등이 온 집 안을 채웠습니다. 아이들의 사고 발달과 세계의 다양한 모습을 경험하는 데 좋다고 생각되는 책은 가리지 않고 사들여서 집에 없는 책이 없을 정도였습니다.

상희가 일곱 살쯤 되었을 때였습니다. 내가 계속 아이들 책을 사들이자 남편은 이 많은 책을 아이들이 어떻게 다 읽겠느냐며 반품하기까지 했습니다. 그래서 출판사 지국장이 남편과 통화하면서 아이들이 책을 읽지 않으면 그때 다시 반품해도 된다며 다시 책을 보내주었는데, 상희가 그 책들을 좋아하고 잘 읽는 것을 보고 이후로 남편은 아무 말 안 했습니다. 책 때문에 갈등이 빚어질 정도로 아이들에게 필요하다고 생각되는 책에는 돈을 아끼지 않았습니다.

상희는 어릴 때부터 욕심이 많았고, 주위 아이들보다 무엇이든 잘해야 직성이 풀리는 아이였습니다. 나 역시 책을 많이 읽어야 똑똑한 사람이 된다고 하면서 책 읽기를 북돋아 주었습니다. 하지만 책을 읽어 주지는 않았습니다. 잘 때도 동화책을 읽어 주지 않고 스스로 읽도록 했습니다. 그래서 상희는 책을 옆에 두기만 해도 알아서 읽었습니다. 반면에 상모는 달랐습니다. 누나처럼 똑똑해지려면 책을 많이 읽어야 한다는 생각에 스스로 책을 읽을 때도 있었지만, 내가 읽자고 부추겨야 할 때가 많았습니다.

책 외에 잡지도 많이 읽게 했는데, 상모는 초등 저학년 때부터 과학 잡지인 「과학소년」과 논술 잡지인 「위즈키즈」를 읽기 시작했고, 6학년 때는 「과학동아」와 「독서평설」 등을 읽었습니다. 어릴 때부터 책을 많이 읽은 덕분에 배경 지식이 많이 쌓였고, 문장을 통해 지식을 받아들이는 이해도도 높았습니다. 그래서 6학년 때부터 잡지의 수준을 중·고등 수준으로 올렸던 것입니다.

상모와 달리 상희는 어릴 때부터 과학책을 좋아하지 않았습니다. 나도 특별히 강요하지 않았습니다. 그러다가 중학교에 들어가서 과학을 잘하기 위해서는 과학책을 읽어야 한다는 사실을 스스로 깨닫고는 초등학교 수준의 과학책도 꺼내서 읽기 시작했습니다. 그러면서 "내가 그때 좀 읽었어야 하는데…"라며 후회하기도 했습니다.

아이들이 어렸을 때는 그게 효과가 있는지 없는지도 모른 채 무작정 많이 읽히고 다양한 체험을 하도록 했습니다. 그런데 대입이 끝난 뒤 상모가 말했습니다.

"엄마가 책을 읽으라고 해서 읽고, 체험 활동을 하자고 해서 했는데 솔직히 재미있지는 않았어. 그런데 어렸을 때 책을 많이 읽게 해 준 게 도움이 많이 되었고, 엄마한테 참 고맙게 생각해."

그 말을 듣고 나의 교육법이 인정을 받은 것 같아 뿌듯했습니다. 그래서 주위의 엄마들이 아이들 교육에 대해 물어보면 내가 했던 방법들을 추천하고 있습니다.

엄마들의 품앗이 교육

상희가 6살 때까지는 그냥 집에서 나 혼자 교육을 시켰습니다. 그러다가 초등학교 1학년 때 동네 아파트 놀이터에서 자주 만나던 아이 친구들 엄마들과 친해져서 아이들 교육에 대해서 이야기하다가 문득 '놀이터에서 노는 것 말고 마땅한 게 없을까?'라는 생각을 공유하게 되었습니다. 그렇게 해서 아파트 엄마들의 모임인 '품앗이 교육'을 시작하게 되었습니다. 아이들 연령대가 비슷해서 어렵지 않게 시작할 수 있었고, 웅진 출판사에 다니는 한 아이의 엄마가 부교재와 관련된 무료 프로그램을 많이 소개해 주어서 그때 배운 내용들을 참고해서 좀 더 알차게 진행할 수 있었습니다.

여섯 명의 엄마가 20권으로 구성된 『생각이 열리는 세계 문화 여행』이라는 책을 교재로 일주일에 한 번씩 돌아가며 자기 집에서 아이들을 가르쳤습니다. 이 시리즈는 세계의 주요 나라에 대한 내용이 실려 있었는데, 선생님 역할을 맡을 엄마는 아이들의 질문에 잘 대답하기 위해 일주일 동안 열심히 준비해야 했습니다. 심지어 남편들이 눈치 없이 집에 있을 때는 밖으로 내보내기도 했습니다. 처음에는 어떻게 해야 할지 몰라 서툴기도 했지만, 차츰 서로가 하는 것을 보며 참고하고, 백과사전을 통해 다양한 자료를 준비하면서 그 나라의 위인, 동화, 음악, 미술 등과 연계하여 아이들을 가르쳤습니다. 설명한 뒤에는 아이들의 질문을 받고 마지막에는 마인드맵으로 정리하게 하는 등 2시간 동안 진행했는데, 다행히 아이들이 집중력 있게 잘 따라 주었습니다.

처음에는 첫째들만 하다가 둘째들도 하고 싶어 해서 둘째들도 시작을 했습니다. 그런데 첫째들 팀이 여자 셋, 남자 셋인 반면 둘째 팀은 여자 아이가 한 명이어서 그런지 아이들의 집중도가 첫째들 팀만 못해서 수업 진행하기가 쉽지 않았습니다. 그때 남자 아이들이 여자 아이들보다 집중도가 떨어지기 때문에 이런 모임이 잘 이루어

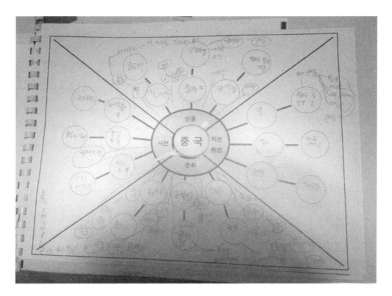

• 품앗이 교육의 마지막 단계인 마인드맵 정리. 중국과 관련하여 연상되는 것들을 기록하게 했다.

지도록 하려면 여자 아이가 남자 아이보다 많아야 한다는 사실을 알
게 되었습니다.

　이 모임은 책만 가지고 공부한 것이 아니라, 박물관과 전시회, 문
화 유적지 등을 다니며 여러 가지 체험 활동을 하기도 하고, 아이들
시험 기간에는 도움을 주기도 하면서 두 팀 모두 3년 정도 진행했습
니다.

어린이 도서 출판사의 부교재와 프로그램을 어떻게 활용할까?

우리 아이들은 책만 읽은 것이 아니었습니다. 책을 통해 알게 된 내용을 체험할 수 있도록 다양한 활동을 시키려고 노력했고, 눈으로 확인할 수 있도록 브로마이드 등을 직접 만들어 벽에 붙여 놓기도 했습니다. 남편이 공무원이어서 경제적으로 넉넉하지 않은 이유도 있지만, 가능하다면 무엇이든 아이들과 함께 만들고 직접 체험하고 싶다는 생각이 컸습니다. 그래서 웅진이나 교원에서 진행하는 프로그램을 많이 찾아다녔습니다. 아이들과 직접 체험하다 보니 아이들도 좋아했고, 나도 즐기게 되었습니다. 나중에는 출판사 직원과 친해져서 좋은 프로그램이 있으면 소개를 받기도 했는데, 기억에 남는 프로그램으로는 '어린이 사이언스 프렌드'가 있습니다. 화산 폭발처럼 내가 마련할 수 없는 체험 활동은 비용을 지불해서라도 참여하려고 노력했습니다. 유비쿼터스 등과 같이 친숙하지 않은 개념들은 백과사전 등을 찾아서 알려고 했습니다.

어린이 도서 출판사는 마케팅 차원에서 다양한 프로그램을 진행하고 있습니다. 이런 프로그램을 잘 활용하면 아이도 엄마도 많은 것을 배울 수 있습니다. 대부분이 무료이기 때문에 어린 자녀를 둔 엄마들에게 적극 권합니다.

책을 구입하면 부교재를 주기도 하는데, 출판사에서는 부교재를

아이가 어릴 때는 무엇보다도 즐겁게 공부하는 것이
중요합니다. 급하게 성과를 내겠다고 부모가 서두르면
아이는 공부를 하기 싫은 것으로 받아들이게 됩니다.
어릴 때 형성된 공부에 대한 생각이 자라서도 영향을 미치기 때문에
어린 자녀를 둔 엄마들은 자녀 학습에
세심하게 접근해야 합니다.

어떻게 활용할 것인지 부모에게 교육해 줍니다. 그러면 수업을 듣고
와서 부교재를 우리 아이들에 알맞게 활용했습니다. 행성에 관한 지
도를 받으면 책을 보면서 검은 하드보드에 행성을 오려 붙이고 하얀
색 펜으로 우주처럼 꾸며서 행성 이름을 적고 거리를 가늠할 수 있
도록 원을 그린 다음에 벽에 붙여 놓기도 했습니다. 우리 몸과 관련
된 체험 프로그램이 있으면 아이들을 데리고 가서 뼈와 근육이 어
떻게 형성되어 있는지 알아보고, 현장에서 뼈를 직접 만들어 보았습
니다. 이렇게 책자를 보며 부교재를 적극적으로 활용하다 보니 상모
키울 때는 무엇이든 만들기가 수월했습니다.

상모가 일곱 살 때는 '궁금이 노트'라는 걸 만들어서 활용했습
니다. 예를 들어 '예상'이라는 단어가 있으면 아이에게 먼저 물어보
고 아이가 답을 하면 써 보라고 합니다. 아이가 노트에 자신이 생각

하는 답을 쓰면 아이와 함께 백과사전에서 단어의 뜻을 찾아 확인한 뒤에 아이에게 '예상'이 들어간 짧은 글짓기를 하도록 했습니다. 이런 방법으로 하나의 단어에 대해 세 번의 학습을 할 수 있었습니다.

어렸을 때의 책과 활동이 학습으로 연결되다

책을 많이 읽고 다양한 체험 활동을 경험하는 동안 아이의 인지 능력이 꽤 향상되었습니다. 이때부터 본격적으로 학습을 시작해야겠다는 생각이 들었습니다. 그래서 상모가 여섯 살 때 기탄 수학을, 여섯 살 중반부터는 구몬 수학을 시켰습니다. 구몬 수학은 중학교 3학년까지 계속했습니다.

상모는 특히 수학을 좋아했습니다. 백과사전도 수학과 관련된 것은 너덜너덜해질 정도로 자주 읽었습니다. 당시에 아이들이 구구단을 19단까지 외우는 것이 유행했는데, 기탄 수학의 부교재에도 19단 외우기가 실려 있었습니다. 내가 시키지 않았는데도 상모는 19단까지 외웠습니다. 그때까지는 상모가 수학에 재능이 있다는 사실을 몰랐기 때문에 그냥 눈에 보이니까 외웠나 보다 하고 쉽게 생각했습니다.

둘째는 '앗' 시리즈 같은 책도 좋아했습니다. 상희는 책을 읽어도 별 말이 없었는데, 상모는 자기가 알게 된 것에 대해 말이 많았습니다. 초등학교 1학년 때도 자신이 책에서 읽은 내용을 학교 선생님에게 들려주고는 했습니다. 하루는 담임 선생님이 "상모는 수학에 관심이 많고 다른 아이들보다 재능이 있어요"라고 말해 주어서 그제야 둘째가 수학을 잘한다는 사실을 알게 되었습니다.

그래서 초등학교 2학년 때 와이즈만에서 검사를 했습니다. 수리나 연산 쪽에 뛰어난 능력이 있다는 결과가 나왔고, IQ는 138~9가 나왔습니다. 하지만 영재라는 평가에 대해서는 그리 크게 생각하지 않았습니다. 어디든 갖다 붙이면 다 영재가 되는 것이라고 생각했습니다. 상희의 친구 중에 언어 영재라는 평가를 받은 아이가 와이즈만에서 영재 교육을 받는 것을 보았는데, 실망스러웠습니다. 그래서 영재 교육이라는 것이 돈벌이 수단으로 여겨져 상모에게 따로 영재 교육을 시키지 않았습니다. 그저 '상모가 진짜 영재라면 잘하겠지' 하고 생각하고 말았습니다.

당시에 상모는 수학 백과사전을 여전히 많이 읽었고, 도형을 공부하면 혼자서 직접 평행사변형 등을 그려 보고 도형의 정의나 특성을 스케치북에 마인드맵을 그려서 정리하고는 했습니다. 사실 상모가 그렇게 하게 된 것은 내가 그렇게 습관을 들였기 때문입니다. 아이가 6살 때부터 책을 읽으면 그 내용을 마인드맵이나 생각 나무를 활용해서 정리해 보라고 유도했습니다. 일주일에 한두 번 정도 했는데, 처음에는 내가 계속 시범을 보여야 했습니다. 아이 혼자 하기까지 많은 시간이 걸렸지만, 익숙해지고 난 뒤에는 수학 공부할 때 스스로 이런 방식으로 생각을 정리하고는 했습니다.

엄마도 공부를 해야 하는 이유

아이들에게 책을 읽어 주지 않았고, 아이들이 읽는 책을 내가 다 읽은 것도 아닙니다. 하지만 아이들이 초등학교 들어가기 전까지는 육아 관련 서적을 많이 읽었고, 상희가 초등학교 들어가고 난 뒤부터는 아이 학습을 어떻게 이끌어야 하는지 알기 위해 교육과 학습에 관련된 책을 많이 읽었습니다. 그리고 같이 체험 활동을 하고 놀아 주기 위해 제 나름 공부를 하기도 했습니다. 아이들의 궁금증을 해결해 주고 질문에 답하려면 엄마도 노력을 해야 합니다.

상모는 여섯 살 때 시작한 구몬 수학을 중학교 3학년까지 하면서 고등학교 수준까지 다 끝냈습니다. 초등학교 저학년 때까지는 학원에 다니지 않고 문제집을 사서 나와 함께 공부했는데, 그때 활용한 것이 '쎈수학', '하이퍼 수학', '올림피아드 시리즈' 등이었습니다. 이때까지만 해도 나도 답안지를 보며 문제를 풀어 줄 수 있었습니다.

하루는 상모와 3~4학년 수학을 함께 공부하는데, 도형 부분이 잘 이해되지 않았습니다. 그래서 책 속의 도형과 똑같은 모형을 만든 다음 문제집에서 말한 대로 반 바퀴나 90도를 돌려 보면서 나도 상모도 이해가 안 되는 것을 해결했습니다. 그래도 모르는 것이 있으면 상모는 누나나 학교 선생님, 구몬 선생님에게 물어보면서 의문을 풀었습니다. 그때까지도 학원에는 다니지 않았습니다. 그 덕분에 시간이 많아서 상모는 책을 많이 읽을 수 있었습니다.

아이들이 크면서 더 이상 내가 수학과 영어를 함께 해 줄 수 없었습니다. 그래서 상모는 초등학교 4~5학년 때부터 동네 학원에 다니기 시작했습니다. 하지만 나도 읽고 이해할 수 있는 국어와 사회, 역사는 아이들이 고등학생이 되어서도 함께 읽으면서 공부했습니다. 몇 년을 그렇게 하다 보니, 나는 대략 어떤 것들이 학교 시험에 나올지 알게 되는 경지까지 이르렀습니다.

중학교 3학년까지 고등학교 수학과 영어를 선행하다

상모는 주로 첫째가 다닌 학원으로 보냈는데, 영어는 4학년, 수학은 5학년 때부터 보냈습니다. 영어는 특별히 송파에 있는 학원으로 보냈습니다. 그때 미세스장어학원과 이은재어학원이 유명했습니다. 둘 중에 어디를 보낼까 고민하다가 학원비가 상대적으로 싸고 아이가 잘할 때는 장학금도 준다고 해서 미세스장어학원으로 보냈습니다. 1~2년 뒤부터는 실제로 전액 장학금을 받고 다녔습니다. 초4 때부터 중3 여름 방학 때까지, 학원에서 그만 다녀도 된다고 할 때까지 다녔습니다.

처음에는 단어와 문법 중심으로 공부를 하다가 나중에는 해커스 토익, 텝스까지 해서 중학교에 들어갔을 때는 따로 단어를 외울 필요가 없었습니다. 그때 배웠던 것으로 고등학생 때까지 충분했습니다. 미세스장어학원은 숙제가 많고 외워야 할 단어 분량도 많아서 힘들다며 그만두는 아이들이 많았습니다. 첫째도 다니다가 그만두었어요. 그런데 외우는 것을 잘하는 상모에게는 잘 맞았습니다. 물론 상모가 힘들어하지 않은 것은 아니었어요. 하지만 다행히 상모는 사춘기가 늦게 왔고, 학원 선생님들이 칭찬을 많이 해 준 덕분에 학원에 안 가겠다는 말은 하지 않았어요. 아이가 단어를 외울 때는 옆에서 내가 많이 도와주었습니다. 나로서도 생소한 단어가 많았고 발음을 따라가기 어려워서 힘들었습니다.

수학 학원은 상희가 다닌 미래학원에 초5 때부터 중3까지 보냈습니다. 학원 원장님은 첫째인 상희가 다녔고 상모가 수학적 재능을 보여서 월 10만 원에 상모 혼자만 따로 가르쳐 주었습니다. 동네 아이들은 학원이 깨끗하지 않다며 싫어했는데, 상모는 원장님과 궁합이 잘 맞아서 그런지 괘념치 않고 잘 다녔습니다. 원장님은『영재들의 수학 퍼즐』등 수학 원리에 관한 책이나 흥미를 가질 만한 책을 많이 소개해 주었습니다. 이렇게 원장님과 공부하며 상모는 중3 때 고등학교 수학의 미적분 2까지 다 끝냈습니다.

사실 상모가 초등학생 때부터 특별하게 공부를 잘한 것은 아니었습니다. 반에서 3~4등을 했는데, 아이 스스로도 공부를 잘한다는 생각을 하지는 않았습니다. 다만 수학을 좋아해서 수학 경시대회에서는 1~2등을 했습니다. 그러다가 중학교에 진학한 뒤 치른 첫 시험에서 생각지도 않게 전교 1등을 했어요. 이때 아이의 자신감이 커졌고, 이후로 계속 전교 1등을 유지했습니다.

어릴 때 책을 많이 읽고 초등학교 4~5학년 이후로 열심히 공부했던 것이 모르는 사이에 하나하나 쌓여 중학교 때 좋은 결과로 나타난 것이었어요.

하지만 그렇게 되기까지 아이가 많이 힘들어했다는 사실을 나는 잘 알지 못했습니다. 대입 시험이 끝난 뒤 어느 날 상모가 그러더군요. 초등학교 다닐 때를 떠올려 보면 수학하고 영어 공부한 기억밖에 없다고. 내 욕심 때문에 아이가 많이 힘들었을 걸 생각하니 마음이 미어졌습니다. 그래서 "엄마가 미안해"라고 말했더니 상모가 그랬습니다.

"엄마 덕분에 중학교 때 수학과 영어를 다 끝내 놓아서 고등학교 다닐 때는 힘들지 않았어. 그래서 고마워."

그 말을 들으며 내가 더 고마웠습니다.

영재학교가 아닌 일반고를 선택한 이유

상모가 수학을 좋아하고 잘해서 학교에서는 영재학교에 지원해 보라고 했습니다. 하지만 아이가 과학 학원에 다니는 것을 싫어해서 과학 선행을 시키지 않았고, 학교에서 추천한 교육청 영재원 시험도 보지 않았습니다. 수학과 영어에 지중하느라 힘들어해서 그랬기도 했지만, 아이가 싫다고 하면 시키지 않았어요. 6학년 2학기 때 아이에게 사춘기가 온 뒤로는 예전처럼 내가 원하는 대로 시키면 안 되겠다는 생각이 들어서 그때부터는 상모가 내켜하지 않는 것은 시키지 않았습니다. 그래도 초등학교 때 열심히 공부한 덕분에 수학과 영어는 중학교 가서도 잘해서 계속 선행을 시킬 수 있었지만, 과학과 문학 작품에 관해서는 내 마음대로 되지 않았어요. 중3 이전에 고등학교 수준의 수학과 영어를 끝내 놓은 것은 지금 생각해도 잘한 것 같습니다.

영재학교를 준비하지 않은 다른 이유는 주변의 영향 때문이었어요. 큰아이 친구들이 하나고나 영재학교에 떨어진 경우를 많이 봤고, 그 아이들이 힘들어하는 것을 알았기에 상모에게 시킬 수 없었습니다. 만약 누나가 영재학교를 준비했다면 상모도 마음을 먹었을지 모르지만, 누나가 하지 않아서인지 상모도 생각이 없었던 것 같아요.

사실 강동구에서 전국형 자사고나 영재학교에 합격하는 아이들이 많지 않습니다. 그리고 어떤 중학교 선생님들은 상모에게 영재학교 가지 말고 근처의 동북고에 가서 내신 잘 관리하고 전교 1등 해서 서울대학교 가라는 조언을 했나 봐요. 그래서 상모도 중학생 때부터 일반고에 진학할 생각을 하고 있었습니다. 그때부터 나는 일반고에서 서울대에 보내기 위한 전략을 짜기 시작했습니다.

같은 이과지만 성향이 너무 달랐던 첫째와 둘째

두 아이는 달라도 많이 달랐습니다. 다행인 것은 상모가 누나를 롤 모델로 삼고 있어서 입시 면에서는 누나의 조언에 귀 기울였다는 점입니다.

상희는 초등학교 6학년 때 금강산 글쓰기 대회에서 상을 받아 북한의 금강산에 간 정도로 글쓰기를 좋아했습니다. 초등학교 선생님이 상희의 글은 초등학생 글 같지 않고 어휘력도 어른 수준이라며 칭찬했습니다. 어릴 때부터 책을 많이 읽고 초등학생 때 토론 교육을 받은 효과였던 것 같아요. 상희는 초3부터 6학년 때까지, 상모는 1학년 때부터 6학년까지 주니어 플라톤을 했습니다. 비슷한 교육을 시켰지만 아이의 성향에 따라 전혀 다른 결과를 보였습니다. 상희는 글쓰기를 좋아하고 어휘력이 풍부했지만, 상모는 문학 작품을 아주 싫어하고 글쓰기도 싫어했습니다. 상모에게는 초등학생 때 일기 쓰게 하는 것도 큰 고역이었어요. 중학생 때 책을 읽고 독서록을 써야 하는데, 상모는 머릿속에 다 있는 걸 왜 써야 하느냐며 하기 싫어했어요. 그래서 어느 날은 "네가 말하면 엄마가 쓸게"라고 할 정도였어요.

그래서인지 상모는 수학과 영어를 잘했지만 국어는 못했습니다.

내신은 잘 나오는 편이었지만, 수능 모의고사 문제를 풀 때 자신의 가치관을 녹여 내는 문제는 잘 못 풀었습니다. 어려서부터 책을 많이 읽었지만 유독 문학을 싫어했어요. 어느 날은 너무 답답해서 이유를 물어 보니, 제인 에어의 작품은 여자 책이라서 싫고,『상록수』는 계몽 소설이라 싫다는 거예요. 그나마 누나가 국어 책에 나오는 작품은 읽어야 한다고 해서 읽고 교과서에 실린 작품은 내신 때문에 어쩔 수 없이 보기는 했습니다. 하지만 수능 국어 점수가 잘 나오지 않아서 고등학교 2학년 겨울 방학 때부터 수능 보기 전까지 학원 다니느라 고생을 했습니다. 다행히 수능 볼 때쯤 1년 만에 1등급을 만들며 페이스를 찾기는 했습니다. 아이가 국어 점수가 안 나와서 고생하는 것을 보면서 싫어하더라도 문학 책을 좀 읽힐 걸 하는 후회가 들기도 했습니다.

반면에 상희는 상모와 달리 수학을 싫어했습니다. 그래서 중학교 2학년 때까지 억지로 하게 만들어야 했습니다. 과학도 싫어했지만, 다행히 교육청의 영재원 교육을 받으면서 과학을 좋아하게 되었습니다. 그때의 경험으로 생명과학에 관심을 갖게 되었고, 진로를 농생명과학으로 정했습니다. 상모는 문과와 이과 특성을 모두 가지고 있어서 경영 분야도 공부해 보고 싶어 했습니다. 그래서 자연스럽게 전공 중에 문과와 이과 특성을 모두 가지고 있는 산업공학과를 선택하게 되었습니다.

같은 이과였어도 상모가 중학생 때 수학과 영어를 고교 수준까지 마친 반면 상희는 선행을 하지 못해서 고등학생 때 특강까지 받으며 하루에 3~4시간 수학 공부에 매달려야 했습니다. 영어는 상모와 같이 미세스장어학원에 몇 달 다니다가 숙제가 많다며 그만두고, 이후로 인터넷 강의를 듣고 문제집을 풀면서 혼자 공부했습니다.

상희는 고등학생 때 인강과 학원, 과외를 통해 부족한 부분을 보충해야 했습니다. 중학교 때 학원에 잘 안 다녀서 고등학생 때 필요하다고 하면 다 지원해 주었습니다. 인터넷 강의는 메가스터디, 대성마이맥, 강남구청 등 여러 가지를 다양하게 들었어요. 사실 상희가 수학과 영어를 선행하지 않아 고등학생 때 고생하는 것을 보고 상모의 수학, 영어 선행을 빨리 시켰던 거예요.

상모는 이과 전교 1등을 해서 지균형[*]으로 서울대학교에 들어갔고, 상희는 이과 2등을 해서 일반전형으로 들어갔습니다.

[*] 정식 명칭은 지역균형선발전형이다. 국내 고등학교 졸업 예정자 가운데 학교별로 2명의 인원을 학교장으로부터 추천받아 서류 평가와 면접을 통해 학생을 선발한다. 학교장의 추천이 필요하기 때문에 일반적으로 내신에서 최상위권이 유리하다.

비교과 활동은 자기만의 개성이 드러나도록

상모가 고등학교에서 전교 1~2등을 했지만 뛰어난 고등학교의 상위권 아이들이 있었기에 대입을 앞두고 상모는 불안해했습니다.

내가 상희를 서울대학교에 보내면서도 몰랐던 사실이 있었는데, 고 1 첫 중간고사를 치르고 정시를 준비할지, 수시를 준비할지 결정하는 아이들이 있다는 점이었습니다. 상모도 첫 모의고사와 중간고사를 치른 뒤에 수시를 준비하기로 마음먹었다고 합니다. 정시로 서울대학교에 들어가려면 거의 만점을 받아야 하는데, 국어와 과학 선행을 하지 않아서 수능에서 만점을 받기 힘들 것 같다는 생각을 한 것입니다. 그래서 내신과 비교과 활동을 챙겨서 수시를 준비하기로 마음먹었던 거죠.

수시를 위해서는 아이들이 준비해야 할 것이 너무 많습니다. 때문에 아이의 시간을 절약해 주기 위해 엄마가 챙겨야 할 것도 많습니다. 영어 말하기 대회나 경시대회는 상모가 준비가 잘 되어 있기 때문에 괜찮은데, 글쓰기 대회를 준비하려면 아이가 쓴 글을 봐 줘야 하고 발명품 대회는 첫째와 내가 아이디어를 내는 데 도움을 주어야 했습니다. 그런 것 하나하나가 당락에 영향을 미치기 때문에 대회를 앞두고는 어디에 마음대로 다닐 수도 없었어요. 아이가 수행평가에 필요한 책이나 자료를 부탁하면 내가 미리 자료를 찾아서 알려 주고, 경시대회도 어떻게 준비해야 하는지 미리 알아봐야 했습니다.

큰아이를 먼저 서울대에 보냈지만, 상희는 성격상 자기가 알아서 하는 스타일이라 나는 입시에 대해서 많이 알지 못했습니다. 그래도 한 번 겪어 본 것이 있어서 상모가 입시 준비할 때는 나도 어느 정도 입시에 관한 지식이 쌓여 있었습니다.

요즘 학교에서는 대체로 학생부를 잘 써 주지만, 아이들이 하는 활동이 대동소이하기 때문에 큰 변별력은 없습니다. 때문에 비교과 활동을 할 때는 다른 아이들과 차별화되도록 신경을 써야 합니다. 그래서 어떤 활동을 할 때는 그 과정을 상세하게 기록해서 선생님에게 제출하고, 탐구 보고서를 작성하게 해서 실물이 남도록 했습니다. 동아리 활동을 할 때도 상모에게 4차 산업혁명에 관심이 커지고 있으니 그와 관련된 주제로 무엇인가를 만들어 보면 어떻겠느냐고 제안했습니다. 그랬더니 아이와 친구들은 선생님을 인터뷰하고 직접 기사를 써서 잡지 형태로 만들기도 했습니다. 그 뒤로는 아이 후배들도 다들 그렇게 한다는 이야기를 들었습니다.

교내 비교과 활동은 무조건 다 하도록 했습니다. 대회를 나갈 때는 아무 친구하고 팀을 짜지 말고, 각별히 친해서 서로 양보할 수 있으면서도 희망 학과가 겹치지 않는 친

■ 상모가 동아리 활동을 하면서 만든 잡지(위)와 영화제 포스터(아래)

구와 같이 하라고 조언했습니다. 동네의 학교를 다니다 보니 상모 친구들의 성향도 알고 있었고 그 아이들의 엄마도 알았기 때문에 어떤 아이들과 팀을 짜야 할지 선택하기는 좋았습니다. 그러다 보니 고1 때부터 3학년 때까지 거의 같은 친구들과 팀을 이루어서 대회에 나가고 동아리 활동을 했는데, 함께했던 상모 친구들도 모두 대입에서 좋은 결과를 얻었습니다.

아이의 비교과 활동을 준비하면서 사교육의 도움은 받지 않았습니다. 큰애가 도움을 주었고, 상모도 스스로 잘하는 편이었기 때문입니다. 교내 대회가 서울시나 전국으로 이어지기도 했습니다. 학교 외 범위의 대회에서 수상하려면 실험과 실습을 해야 하는데, 학교에서는 도움을 줄 여력이 안 되어 이런 대회를 준비하려면 어쩔 수 없이 대치동 사교육에 의존해야 합니다. 그래서 이런 대회는 아예 포기했습니다. 큰 대회의 수상 경력이 특기자전형에는 도움이 되겠지만, 차라리 내신을 더 잘 받는 쪽이 낫다고 생각했고, 교내 대회에서 잘한 것만으로도 학생부와 자기소개서에 쓸 소재는 많았으니까요.

자기소개서 쓸 때 상모는 다른 때와 달리 매우 예민했습니다. 아이가 학교 간 사이에 내가 살짝 고쳤더니 그걸 금세 알아채고는 "엄마가 대학 가?"라며 신경을 곤두세우기도 했어요. 학교에서 모의 면접 영상을 찍고 강동구청의 자기주도학습지원센터의 도움을 받아 자기소개서 작성과 면접 준비를 했습니다. 그러다 최종적인 자기소개서와 실전 면접을 앞두고는 큰아이로부터 첨삭과 지도를 받으며 준비했습니다.

입시 정보를 구하기 위한 노력들

대학 입시에는 아이의 노력뿐 아니라 엄마의 정보도 매우 중요하다고 생각했습니다. 그래서 상모가 고등학교 1학년 때부터 대치동 학원 설명회와 대학 입시 설명회를 다니며 정보를 모았습니다.

큰아이 입시 준비할 때는 아는 것이 없고 막막해서 자기소개서 작성을 위한 컨설팅을 받으려고 알아 놓있는데, 아이가 싫다고 해서 취소하고 학교 선생님의 도움을 받아 준비했습니다. 큰아이가 서울대학교와 카이스트 1차에 합격하고 난 뒤 면접 준비를 하려는데 학교에는 상희 외에 합격한 학생이 없어서 도움을 줄 수 없다며 대치동 학원에 가라고 했습니다. 하지만 학원에 대한 정보가 전혀 없었습니다. 아는 곳이라고는 미래와탐구학원뿐이어서 그 학원을 알아봤는데, 3일에 90만 원으로 너무 비쌌습니다. 남편과 의논하며 형편이 어려워도 보내자는 쪽으로 결론 내렸습니다.

그런데 상희가 말하기를, 아이들 모아 놓고 면접을 준비시키는 것이 아니라 논술 준비를 시키는 것 같다며 차라리 혼자 하겠다고 해서 취소하고 80만 원을 환불받았습니다. 다른 아이들에게 맞았지만 상희에게는 맞지 않았나 봐요. 많이 불안했지만 고집이 센 아이라 하겠다는 대로 내버려두었습니다. 학원에서 사 온 교재를 가지고 학교에서 친구들과 모둠으로 준비했습니다. 그때 경험 때문인지 상희는 상모가 서울대 면접 준비할 때도 대치동에 가지 말라고 해서 둘째도 대치동 학원에 가지 않았습니다. 지금 생각해 보면 첫째를 어떻게 대학에 보냈나 싶습니다.

학교에서 아이들 입시를 도와주는 데에는 한계가 있습니다. 그래서 입시철이 되면 엄마들의 마음이 바빠집니다. 컨설팅 비용으로 5건에 250만 원을 지불한 엄마도 보았습니다. 나는 그런 컨설팅에 그다지 믿음이 안 가서 힘들더라도 내가 직접 발품을 팔며 정보를 모으는 것이 좋다고 생각했습니다.

앞서 이야기한 대로 큰아이는 스스로 알아서 하는 스타일이라 별로 움직이지 않다가 둘째가 고등학교 1학년일 때부터 시대인재나 대치이강, 세움, 프린키피아, 메가스터디 등의 대치동 학원에서 주최하는 설명회는 빠지지 않고 다 참석했습니다. 그중에서 가장 도움을 받은 것은 유웨이에서 하는 '월간 입시톡'이었습니다. 한 달에 한 번씩 넷째 주 금요일 입시 설명회를 하는데 1년 동안 한 번도 빠지지 않았습니다.

대부분의 설명회가 무료이고, 설명회에서 나누어 주는 책자도 무료입니다. 엄마가 고생할 각오를 하고 발품을 팔면 얼마든지 좋은 정보를 얻을 수 있습니다. 이런 설명회를 통해 학생부를 준비하는 요령, 고등학교 3학년 동안 준비해야 하는 비교과 활동들, 대학에서 엄마들이 입시의 흐름과 제도를 알아야 합니다.
아는 만큼, 고민한 만큼 보이는 법입니다.
공부는 아이가 하는 것이지만, 엄마도
아이의 역량과 성향에 맞는 곳을
찾아 주기 위한 노력을 해야 합니다.

요구하는 인재상 등 많은 정보를 접할 수 있습니다. 나는 여러 학원과 대학의 설명회를 들은 뒤 나름대로 비교 분석하면서 나만의 정보로 정리하기 위해 입시 노트를 만들었습니다. 이렇게 정리한 노트가 5권입니다.

내가 발품을 팔아 가며 설명회에서 듣고 온 내용을 아이에게 설명해 주면 아이는 "이런 것은 내 친구나 엄마들한테나 도움이 되지…"라고 말하며 자기는 스스로 알아서 잘하고 있다는 식으로 말해서 서운한 적도 있었습니다. 그런데 나의 입시 노트는 나중에야 빛을 보았습니다. 주위 엄마들로부터 노트를 달라는 요청을 많이 받고 있거든요. 하지만 이건 어디까지나 '남의 노트'입니다. 제 생각에는 엄마가 직접 듣고 보면서 스스로 정보를 정리하는 것이 가장 좋다고 봅니다.

두 아이의 입시를 경험해 보니 이런 생각이 듭니다. 어차피 대학의 학생부종합전형은 학교 성적과 비교과로 판가름이 납니다. 그런데 상위 5등 이내 아이들은 학교에서 추천해 주기도 하고 성적이나 비교과에서 우열을 가리기 힘들기 때문에 큰 차이가 없습니다. 하지만 일반고에서 그 이하 등수나 내신 등급 1.5를 넘어가면 특기자전형도 애매하고 특별한 스펙이 있지 않는 한 스카이는 정말 쉽지 않은 것 같습니다. 그래서 정보가 더 중요해집니다. 그만큼 엄마가 노력해야 한다는 말입니다.

상희와 상모 둘 다 서울대에 보내서 종종 초등학생 자녀를 둔 엄마들이 어떻게 준비해야 하느냐고 물어봅니다. 그때는 앞으로 아이가 어떻게 될지 모르니 급하게 생각하지 말라고 조언합니다.

상모의 생활 관리

상모는 고등학생 때 마음껏 운동을 못하고 먹는 것으로 스트레스를 풀면서 몸무게가 65kg에서 85kg으로 늘었습니다. 공부를 편하게 하도록 지원하는 것 못지않게 아이들 몸 관리해 주는 것도 엄마의 중요한 역할입니다. 상모는 메가트루(비타민), 임팩타민(피로 회복), 루테인(눈 영양제)을 꾸준히 먹었습니다.

시험 기간 일주일 전부터는 스트레스 때문인지 배가 아프다고 하고 설사를 하기도 했으며 심할 때는 시험 기간 3일 내내 구토를 하기도 했습니다. 혀가 붓고 식도염도 생기고 시험 기간에는 화장실에 앉아 있는 시간도 길어졌습니다. 한약을 먹였지만, 큰 효과는 없었습니다. 수능 보는 날에는 청심환을 먹였는데, 그날도 구토를 했다고 했어요. 우리 아이만 그런 게 아니라 문과 1등 아이도 입시 스트레스로 장염에 자주 걸렸다고 합니다. 그래서 시험 기간에는 해조류와 기름기 있는 것은 먹이지 않고 콩조림이나 된장찌개 등 담백한 것만 먹였습니다. 그런데 신기한 일은 시험만 끝나면 아무 일 없었다는 듯 깨끗이 나았습니다. 스트레스라는 게 참 무섭습니다.

두 아이 모두 야간 자율 학습을 마치고 집에 오면 거실에서 공부했습니다. 아이들이 공부하는 동안 남편은 안방에서 쥐 죽은 듯 있어야 했고, 나는 책 읽으며 아이들과 함께했습니다. 아이들이 깨워 달라고 하거나 졸고 있을 때 깨워 주어야 했기 때문에 아이들이 공부하는 밤 2~3시까지는 나도 못 자고 남편도 안방에서 나오지 못해서 우리 부부도 많이 힘들었습니다.

이제는 그 시간도 다 지나갔습니다. 한 번 더 하라고 하면 다시는 못할 것 같습니다. 그래도 시간이 더 지나고 나면 이때의 일들이 소중한 기억으로 남겠지요. 지금 현재 우리 부부가 지나온 것과 똑같은 시간을 보내고 있을 입시생 부모님들도 힘내세요. 지나고 나면 그때 왜 그래야 했는지 이유가 더 분명해지는 법이랍니다.

한 걸음 한 걸음 걷다 보면

언젠가는

그곳에 가 있을 거야

학부모 서은영

학생 이혜진 (가명) 서울대학교 경영학과, 대원외국어고등학교, 일반전형

남편 직장 때문에 창원에서 신혼살림을 차렸다가 첫 아이를 가졌습니다. 태교를 위해 특별히 무언가를 하지는 않았습니다. 낯선 지방에서 친구 없이 지냈기에 적적했는데, 아이가 적잖은 위안을 주었습니다.

 2년 뒤 둘째를 낳았어요. 남편이 군산으로 발령을 받아 집을 옮겼는데 다행히 시댁이 가까웠어요. 아이 둘을 키우는 일이 만만치 않아서 주말에는 첫째 혜진이를 시댁으로 보냈습니다. 혜진이는 어린 나이에도 엄마품을 떠나 할머니, 할아버지와 같이 잘 지낼 정도로 무난한 아이였습니다. 뿐만 아니라 부모가 보기에 너무 융통성이 없어서 걱정이 될 정도로 모범생 기질을 타고난 아이였어요.

융통성 없는 아이

창원과 군산에서 살 때만 해도 아이들 교육에 특별한 생각이나 계획이 없었습니다. 그러다가 혜진이가 네 살 때 일산으로 이사를 가면서 조금씩 교육에 눈을 뜨게 되었습니다. 수도권의 신도시 아파트에서 살다 보니 젊은 부모가 많았고 아이도 많았어요. 대체로 교육열이 지방보다는 높았기 때문에 저도 분위기에 조금씩 젖어들었습니다.

혜진이는 어릴 때부터 책을 좋아했는데, 아이 둘을 키우다 보니 혜진이가 원하는 만큼 책을 읽어 줄 수 없었습니다. 그래서 한글을 빨리 깨우치면 혼자서 책을 읽을 수 있을 거란 생각에 네 살 때 웅진 씽크빅 교재로 한글 교육을 시작했습니다. 낱말 카드를 벽에 붙여 놓는 등 남들 하는 것처럼 했어요. 만 네 살이 되었을 때 혜진이는 한글을 읽을 수 있게 되었습니다.

혜진이가 여섯 살 때 다시 수지로 이사를 갔습니다. 그런데 그곳 엄마들은 일산 엄마들보다 교육열이 더 높았습니다. 아이를 유치원에 보내야 하는데 대기 번호가 200번대로 밀려 있어서 고민하다가 ECC 영어 유치원에 보냈습니다. 이때부터 혜진이는 영어를 시작했습니다. 새로운 것 배우기를 좋아하고 호기심도 많아서 잘 따라 주었습니다.

하루는 유치원 선생님이 영어 카세트테이프를 세 번 듣고 오라고 시켰는데, 내가 피곤하고 바쁘기도 해서 한 번만 듣고 가도 된다고 했더니 혜진이가 대뜸 말했습니다. "선생님이 세 번 들으라고 했는데, 엄마는 왜 한 번만 들으라고 해?"

우리 부부는 융통성이 있는 사람들인데, 혜진이가 누구를 닮았는지 의문이었습니다. 모범생이라고 할 수도 있지만, 부모 입장에서는 답답한 면도 있었어요. 좀 약았으면 유치원이나 학교생활이 편할 텐데, 그렇지 못해서 속이 터질 때가 많았죠. 주위 엄마들은 저런 성격은 사교육으로도 안 될 거라며 웃고는 했어요.

초등학생 때는 준비물을 안 가지고 가면 꼭 교무실에서 집으로 전화를 걸어 갖다 달라고 했습니다. 친구들한테 빌릴 수도 있을 텐데, 빈틈을 보이는 것을 스스로 용납할 수 없었던 거예요. 이런 일이 계속 반복되자, 안 되겠다 싶어서 네 스스로 알아서 하라고 매몰차게 말하기도 했습니다. 중학교에 올라가서도 비슷한 일이 몇 번 있었지만, 그래도 나이 들면서 많이 나아졌습니다.

"여기 있는 책 다 봤다"

나도 남편도 운동을 좋아해서 우리 부부는 공부보다는 활동성을 중요하게 생각했습니다. 수영을 시켜서 대회에 내보내기도 하고, 친하게 지내는 가족들이랑 어울려 스키장에도 자주 갔으며, 인라인스

케이트 팀을 만들어서 아이들뿐 아니라 부모들도 함께 즐겼습니다. 아빠들이 잘 참여해 주어서 참 좋은 시간을 보냈습니다.

집 가까이에 에버랜드가 있어서 연간 회원권을 만들어 매주 가다시피 했습니다. 사람이 몰리는 주말을 피해 평일 퇴근 시간에 맞추어 남편 회사 앞에서 기다렸다가 온 가족이 놀다 왔습니다. 그래서 아이들 어렸을 때 사진을 보면 유난히 동물원 사진이 많습니다. 수지에서 보낸 2년 동안 여러 사람과 어울리고 가족이 함께하는 시간이 많아서 아이들의 인성과 사교성을 키우는 데 좋았습니다. 다만 다양한 체험을 하도록 해 주었어야 하는데, 미술관이나 전시회 같은 곳에 많이 데려가지 못한 것은 아쉽습니다.

예술적인 감각을 키워 주고 싶어서 미술 학원에도 1년 반 정도 보냈습니다. 다닌 지 몇 달쯤 지났을 때였습니다. 학원에서 동네 엄마들과 이야기를 나누고 있는데, 바닥에 앉아 책을 읽던 혜진이가 책을 다 읽고는 그랬습니다. "드디어 여기에 있는 책 다 봤다." 학원 벽면의 책장에 빼곡하게 꽂혀 있는 책을 그새 다 읽은 거였어요. 같이 있던 한 엄마가 "저런 애가 나중에 서울대에 가더라"라고 말하기에 나는 "그래? 나중에 진짜로 가면 얘기해 줄게"라고 말하며 웃어 넘겼습니다.

하지만 사실 그때 조금 놀랐습니다. 미술 학원 책장에는 아이가 읽기에는 두꺼운 책도 제법 있었거든요. 내가 그런 책을 사 주지 않으니까 학원에서 틈틈이 읽었던 거예요. 사실 우리 부부는 아이 앞에서 책 읽는 모습을 많이 보여 주지 못했는데, 아이 스스로 책을 좋아하게 되어서 다행이었습니다. 혜진이의 책 읽는 습관은 나중에 아주 큰 힘을 발휘하게 됩니다.

왜 책을 많이 읽어야 할까?

결혼 전에는 나도 책을 많이 읽은 편이었지만, 아이들 키우면서는 책 읽는 모습을 자주 보여 주지 못했습니다. 아이들에게 책을 많이 읽혀야겠다고 생각하면서도 실제로는 그런 시간을 많이 갖지 못했어요. 그런데도 혜진이는 책 읽는 것을 유난히 좋아하고 다른 사람이 이야기하는 것을 듣기도 좋아했습니다. 그러다 보니 자연스럽게 집에 책이 쌓였습니다. 사실 우리 집 독서 교육은 엄마가 시작한 게 아니라 혜진이 스스로 시작했다고 보는 게 맞는 것 같습니다.

재미있는 일이 생각나네요. 그림책 속에서 주인공이 책을 읽는 장면이 있었어요. 혜진이가 책을 가져와서 지금 주인공이 무슨 책을 읽고 있느냐고 묻는 거예요. 무슨 책인지 알아볼 수 없어서 결국 주인공이 읽는 책을 알아내지는 못했습니다. 그런데 그게 왜 궁금했을까요?

혜진이는 명확하게 결말이 드러나고 권선징악과 해피엔딩으로 마무리되는 이야기를 좋아했습니다. 비슷한 이야기나 같은 책을 자꾸 읽어 달라고 해서 내가 지겨울 정도였어요. 나중에 아이가 한글을 깨우쳤을 때는 진짜로 한글을 아는 게 아니라, 하도 같은 책을 많이 봐서 내용을 외우고 있는 게 아닌지 의심이 들기도 했습니다.

혜진이는 아침형 아이였어요. 자기 방에서 하도 조용히 있어서 무엇을 하는지 가만히 보면 어김없이 혼자서 책을 읽고 있었습니다. 다 읽은 책을 책장에 다시 꽂지 못해서 옆에 쌓아 놓았는데, 권수가 만만치 않았어요.

하루는 혜진이가 책을 읽다가 엉엉 울며 대성통곡을 하는 거예요. 깜짝 놀라서 물었더니, "『몽실언니』를 읽었는데 어떻게 이렇게 불쌍한 사람이 있을 수 있어"라고 했습니다. 감수성이 풍부해서 어렸을 때는 문학 작품 위주로 읽었습니다. 그러다가 중학생이 되면서 『괴짜 경제학』처럼 사회 현상을 설명해 주는 책을 좋아하게 되었습니다. 현재 벌어지고 있는 현상을 설명해 주는 책이 이해하기 편하고 책 속의 사례를 활용할 수 있어서 좋다고 하더군요.

중학생이 되어서 영어와 수학 학원만 다녔기 때문에 상대적으로 시간 여유가 있어서 이 시기에도 책을 많이 읽었습니다. 하지만 엄마가 보기에는 너무 딱딱한 책만 읽는 것 같아 아이가 원하는 책을 주문하면서 『미 비포 유Me Before You』처럼 달달한 연애 소설을 끼워 넣기도 했어요. 다행히 혜진이는 이런 소설들도 좋아했습니다.

혜진이의 학년이 올라가고 학업량이 많아지면서 서점에서 책을 고르는 일이 만만치 않았고, 국어 학원에 다니지 않아서 어떤 책을 읽어야 좋을지 알 수가 없었습니다. 그래서 신문에 광고지로 끼워져 오는 국어·논술·토론 학원의 팸플릿을 참고하거나 토요일판 신문에 난 서평란을 보고 혜진이가 재미있을 것 같은 책을 표시해 두면 내가 인터넷 서점에서 구입해 주기도 했습니다.

이 외에 혜진이가 중학교 1학년 때 가족 여행을 떠나는 길에 공항에서 「리더스 다이제스트」 영어판을 사 주었는데, 소소한 읽을거리가 있어서 재미있다고 하기에 구독해 주었습니다. 고등학교 1학년 때 대원외국어고등학교 학생들에게 「타임」을 할인해 준다고 해서 이 역시 구독해 주었습니다. 「리더스 다이제스트」와 「타임」은 지금까지도 보고 있습니다.

한 마디로 혜진이는 닥치는 대로 읽는 스타일이었습니다. 고등학교 야간 자율 학습 시간에 공부를 미루고 책을 읽기도 했어요. 독서광 혜진이에 대해서

◆ meta認知, 어떤 사물과 현상을 인지하는 과정에서 한 차원 높은 관점에서 관찰하고 분석하는 능력

는 선생님들도 잘 알고 있어서 학생부에는 혜진이의 독서량이 풍부하다는 평가가 빠지지 않았습니다. 화학 선생님은 수업 시간에 원소기호를 설명하며 혜진이가 추리 소설 기법을 적용했다면서 책을 많이 읽어서 메타 인지*가 뛰어나다고 학생부에 써 주었습니다.

혜진이는 자신이 좋아하는 작가가 있으면 그 작가의 작품을 모두 읽을 뿐 아니라 그 작가의 작품에 대해 분석하는 책까지 읽었습니다. 예를 들면 셰익스피어가 좋으면 다른 작가가 쓴 '셰익스피어

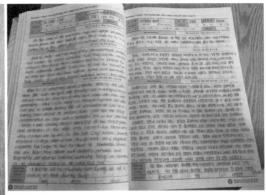

■ 대원외고 1~2학년 때 쓴 독후감 노트. 혜진이는 고등학생 때도 책을 놓지 않는 독서광이었다.

작품 다시 쓰기'와 같은 책도 찾아서 읽었습니다. 한때는 말콤 글래
드웰이라는 작가에게 푹 빠져 있을 때도 있었어요.

　대원외고에서는 책을 읽은 뒤 학생들에게 독후감을 쓰도록 했는
데, 혜진이의 독후감 노트는 나중에 서울대학교에 지원하며 자기소
개서를 쓸 때 큰 도움이 되었습니다. 혜진이가 서울대학교에 합격할
수 있었던 이유가 책을 많이 읽었기 때문이 아닐까 하는 생각이 듭
니다.

　나는 혜진이를 보면서 사람이 왜 책을 많이 읽어야 하는지 알게
되었습니다. 혜진이가 책을 좋아해서 둘째의 독서 습관은 크게 걱정
하지 않았는데, 둘째는 어릴 때부터 책을 좋아하지 않았습니다. 내가

둘째를 키우면서 갈등을 일으켰던 대부분의 이유는 독서 때문이었어요. 책을 많이 읽는 것과 읽지 않는 것에서 차이가 확연히 드러났습니다. 지식을 받아들이는 이해도나 사고의 깊이가 달랐어요. 책을 많이 읽으면 문장 이해력이 높아지고 그만큼 지식과 정보를 받아들이는 데 유리합니다. 모든 지식과 정보는 문장으로 이루어져 있으니까요.

둘째의 어린 시절로 돌아갈 수 있다면 무조건 책을 많이 읽히고 싶습니다. 지금도 나는 주위의 아이들에게 책을 많이 읽으라고 조언합니다.

대치동에서의 문화 충격

수지에서 지내다가 혜진이가 일곱 살이던 해 12월에 서울의 대치동으로 이사했습니다. 대치동으로 이사한 뒤 이곳의 높은 교육 수준에 깜짝 놀랐습니다. 나름 열심히 시킨다고 시켜서 혜진이가 영어를 못한다는 생각을 한 적이 없었는데, 대치동의 ILE 영어 학원에 들어가기 위한 시험에서 떨어진 거예요. 혜진이는 그때까지 영어 단문장만 쓸 줄 알았는데, 대치동 아이들은 5형식으로 된 문장까지 막힘없이 술술 쓰는 수준이었습니다. 일곱 살 아이들이 이래도 되나 싶을 지경이었죠.

초등학교에 입학해서 1학년 동안에는 별다른 일 없이 잘 지냈습니다. 혜진이가 학교에 적응을 잘하고 규칙을 잘 지켜서 선생님들도 예뻐했어요. 그런데 2학년이 되어 학부모 모임에 가서야 나는 대치동의 교육열을 실감했습니다. 교실 벽에 아이들이 올해 이루고 싶은 일을 적은 리스트가 붙어 있었는데, 혜진이는 '구구단 외우기'라고 적어 놓았습니다. 그것을 본 한 엄마가 "혜진이는 아직 구구단 몰라?"라고 물었어요. 당시 나는 당연히 구구단은 2학년 때 배우는 것이라 생각해서 아무렇지도 않게 우리 아이는 아직 모른다고 답했습니다. 그랬더니 나와 혜진이를 우습게 여기는 듯한 표정을 짓더군요. 혜진이는 책도 많이 읽고 생각도 깊은 아이인데 무지한 엄마 때문에 바보 취급을 받은 것 같아서 무척 속상했습니다. 그때 사교육에 대한 생각을 많이 하게 되었습니다.

수지에서 다녔던 ECC 학원에 대치동에서도 계속 보냈고, 그 학원에서는 아이가 아주 잘한다는 평가를 받았습니다. 학원에서는 잘하는 아이들의 이름을 학원 앞에 걸어 주었는데, 혜진이는 자기 이름이 걸려 있어서 자랑스러워했습니다.

혜진이에게는 ILE 학원에 떨어졌다는 말을 할 수가 없었습니다. ECC 학원에서 잘하고 있었지만, 나는 조바심이 나지 않을 수 없었어요.

그러던 중 남편이 미국으로 직무 연수를 가게 되었습니다. 혜진이가 3학년 겨울에 가서 1년 동안 지냈어요. 이 1년이 혜진이에게 큰

전환점이 되었습니다.

영어를 잘한다는 것의 진짜 의미

혜진이가 대치동의 초등학교에 입학
했을 때 다른 아이들은 영어 원서를 읽
고 있더군요. 그래서 나도 혜진이에게
원서를 읽히려고 노력했지만 대치동 아
이들의 수준을 따라갈 수는 없었어요.

* English as a Second Language,
영어를 제2외국어로 쓰는 사람들을 위
해 영어에 적응하도록 하는 미국의 예
비 수업

그런데 미국에서도 혜진이의 완벽주의 성향이 그대로 드러났습니
다. 누가 시키지도 않았는데 미국에 있으니 영어로 된 책만 보겠다
는 거예요.

미국 캘리포니아 초등학교에는 ESL* 수업이 있습니다. 우리가 살
게 된 실리콘밸리 지역은 지역 특성상 학구열이 매우 높고 아시아계
가 많아서 테스트를 철저히 했습니다. 테스트가 철저한 만큼 아시아
에서 온 아이들은 모두 일단 ESL을 거쳐서 본 수업에 들어갈 수 있
었습니다.

그런데 혜진이는 ESL을 거치지 않고 곧바로 본 수업에 들어갔습
니다. 테스트를 했던 선생님이 영어권에서 산 적이 있는지 물어보았
는데, 그런 적 없다고 하자 무척 놀라워했습니다. 선생님은 혜진이가

영어는 언어입니다. 어린 나이에 어려운 단어를 쓰고
긴 영어 문장을 쓰는 것이 중요한 게 아니라,
아이들이 말을 배우듯 자연스럽게 접하면서
자기 것으로 만드는 과정이 중요합니다.

자신의 질문을 매우 자연스럽게 받아들이고 긴장하지 않아서 곧바로 본 수업에 들어가도 문제가 없다고 평가했습니다.

그제야 대치동 아이들의 영어가 정상이 아니라는 생각이 들었습니다. 혜진이는 ILE 학원에 떨어졌지만 ECC 학원에서 잘한다는 소리를 들으며 재미있게 다녔고, 미국에서도 잘 적응했습니다. 초등학교 1학년 아이가 5형식 문장을 쓰는 것이 중요한 것이 아니라 재미있게 영어를 배우는 것이 더 중요하다는 사실을 뒤늦게 깨달았습니다.

혜진이는 미국에서 운동을 열심히 했고 책도 많이 읽었어요. 혜진이가 다닌 실리콘밸리의 학교는 인도계 학생들이 많았는데, 인도계 학생들은 운동이든 공부든 매우 열심히 했고, 엄마들의 교육열 또한 대치동 엄마들보다 더했으면 더했지 모자라지 않았습니다.

교내 올림피아드 대회도 열렸는데, 다행히 미국의 수업 진도가 한국보다 늦어서 혜진이는 수학 잘하는 반에 들어가서도 올림피아드 대표로 출전할 수 있었습니다. 혜진이는 미국에서 1년을 지낸 뒤 한국으로 안 돌아가면 안 되냐고 말할 정도로 미국 생활을 좋아했습니다.

혜진이는 한국으로 돌아온 뒤 ILE 학원의 최고 수준 반에 한 번에 보기 좋게 붙었습니다. 학원 선생님은 최고 수준 반에 한 번에 붙은 아이는 혜진이를 포함해서 딱 두 명 보았다고 했습니다. 학원에 시험 치러 갈 때부터 떨어질 거라는 생각은 하지 않았습니다. 미국에 있는 동안에 도서관과 헌책방을 오가며 영어 원서를 정말 많이 읽었거든요. 대학에 들어간 지금도 혜진이는 한 달에 서너 권의 원서를 읽고 있습니다. 책을 많이 읽다 보니 책 읽는 속도가 남다르고 다른 사람에 비해 이해도도 높은 것 같습니다.

선행 학습의 필요성

한국으로 돌아온 뒤 가장 큰 문제가 수학이었습니다. 5학년으로 편입했는데, 대치동 아이들은 중학교 과정을 공부하고 있었어요. 혜진이는 미국의 수학 진도가 늦어서 먼저 4학년 공부를 하고 5학년 진도에 맞추어야 했습니다. 구구단도 몰랐던 초등학교 2학년 때와 비슷한 상황이었어요.

대치동의 좋은 점은 학생들의 수준과 진도에 맞추어서 가르쳐 주는 학원이 많다는 것입니다. 1년 만에 4학년부터 중학교 2학년까지의 수학 진도를 가르쳐 주는 곳도 있어요. 하지만 그런 학원에 대한 만족도는 나에게도, 아이에게도 그리 높지 않았어요.

대치동에는 초등학교 때 이미 고등학교 과정을 공부하는 아이들도 있습니다. 그 정도까지는 아니더라도 선행 학습은 꼭 필요하다고 생각합니다. 어느 정도 진도를 앞서면 좀 더 여유롭게 공부를 할 수 있으니까요. 다행히 혜진이가 여자 아이 치고는 수학을 좋아해서 잘 따라갔습니다. 깊이 들어가지는 않더라도 중학교 2학년 과정까지 한 번 훑어서인지 6학년 때는 혜진이도 조금 여유로워졌고 나도 숨통이 트였습니다. 6학년 때부터 다시 중학교 과정을 차근차근 선행했기에 대치동의 평균 수준은 될 거라는 생각에 마음을 놓았습니다. 그때 공부했던 교재가 『수학의 신』이었어요. 『수학의 정석』은 조금 오버 페이스라는 생각이 들었습니다.

미국을 다녀온 덕분에 영어는 완성되었다고 생각했습니다. 수학은 6학년 때까지 중학교 과정을 끝냈으니, 중학교 때는 심화 과정을 하면 되겠다 싶었어요. 그래서 중학교 때는 여느 대치동 아이들처럼 고등학교 과정을 조금씩 맛보면서 중학교 심화 과정을 공부했습니다.

영어는 '과목'이 아니다

혜진이는 운동을 좋아하고 성격도 외향적이며 털털합니다. 대체로 원만한 편이에요. 그런데도 초등학교 6학년 때부터 중학교 1학년 때까지는 친구 문제로 힘들어했습니다.

혜진이가 힘들어했던 이유는 아이들의 '경쟁심' 때문이었습니다. 혜진이는 친구들의 성적이나 시험 점수에 관심이 없었고 그게 왜 중요한지도 몰랐습니다. 그런데 친구들은 공부 잘하는 혜진이의 점수에 촉각을 곤두세워서 시험을 치르고 나면 몇 개 틀렸는지 꼬치꼬치 물어보고 아이들 많은 곳에서 혜진이의 점수를 떠벌리기도 했습니다. 내가 해 줄 수 있는 일은 다른 아이들이 그딴 것에 신경 쓰더라도 혜진이 너는 너 자신에게 집중하라는 말을 해 주는 것밖에 없었습니다.

ILE 학원은 중학교 3학년 때까지 주 2회 다녔고, 이후 고등학교 1학년까지는 주 1회 다녔습니다. 혜진이가 그 학원에 다니는 걸 좋아한 이유는 영어에 대한 갈증을 풀 수 있기 때문이었습니다. 원어민 선생님이나 최고 레벨 클래스의 아이들과 영어로 마음껏 이야기할 수 있었거든요. 그러니까 혜진이는 학원에 영어 공부를 하러 간 것이 아니라 영어로 소통하려고 다녔던 거예요. 따로 토플 학원 같은 곳에는 보내지 않았습니다.

수학은 작은 학원에서 공부했습니다. 초등학생 때 수학을 가르쳐 보니 대형 학원보다는 소그룹으로 아이들을 가르치는 소형 학원이 좋다는 생각이 들었기 때문입니다. 그래서 4~5명이 한 반을 이루는 학원에서 고등 수학을 선행히게 했습니다. 과학이나 사회는 따로 학원에 다니지 않았습니다.

확실하게 말할 수 있는 것은 혜진이가 다양한 책을 많이 읽어서 사회나 과학 학원에 다닐 필요가 없었다는 점입니다. 다른 책에서 이미 읽은 내용들이 교과 지식으로 나와서 전혀 어려워하지 않았어요. 또 ILE 학원에서는 미국 교과서를 가지고 문학, 과학, 사회를 가르쳤기 때문에 자연스럽게 영어를 하면서 그 과목들의 지식을 쌓을 수 있었습니다.

영어를 잘한다는 것은 영어 점수를 잘 받는 것과는 다른 문제입니다. 요즘 엄마들 중에는 영어가 절대 평가라서 신경을 덜 써도 된다고 말하는 이들이 있는데, 그건 옳은 생각이 아닙니다. 영어는 실질적인 세계 공용어입니다. 세상에서 만들어진 모든 정보와 지식은 1차적으로 영어로 통용됩니다. 영어를 잘하면 그만큼 지식과 정보를 습득하는 통로가 넓어지는 거예요. 영어를 하나의 '과목'으로만 생각해서는 안 됩니다. 혜진이가 영어를 좋아했던 이유는 점수에 연연하지 않았기 때문이에요. 영어를 통해 다양한 지적 체험을 하고 자신의 세상이 넓어지는 경험을 했기에 영어를 좋아했고, 더불어 점수도 잘 받았던 것입니다.

혜진이가 전교 1등이라고?

혜진이는 중학생 때 학원을 하루에 한 군데만 다녔기 때문에 혼자 공부하는 시간이 많았습니다. 시험 기간에도 내가 하는 일이라고는 혜진이가 필요로 하는 문제집을 사 주는 것뿐, 아이 스스로 시간을 관리하고 준비했어요. 자율적으로 자신의 시간을 관리하는 것이 아이에게도 도움이 된다고 생각했습니다. 그래서 두 살 터울인 둘째도 학원에 보내지 않았습니다. 하지만 둘째는 달랐어요. 통 공부를 안 하는 거예요. 하는 수 없이 둘째는 학원의 도움을 받을 수밖에 없었습니다.

혜진이를 그다지 많은 학원에 보내지 않아서 정보가 부족했던 탓에 둘째를 학원에 보낼 때는 주위 엄마들에게 물어보아야 했습니다. 게다가 둘째는 잘한다 해 주어야 열심히 하는 스타일이라 경쟁이 덜한 곳으로 보냈습니다. 인근에 있는 숙명여고와 경기여고 중에서 비교적 덜 치열한 경기여고에 진학한 것도 같은 이유였습니다. 그래도 다행히 둘째도 경기여고에서 상위권을 유지했어요. 아이의 성향을 고려해서 고등학교 진학을 권유했고 적당한 사교육의 도움을 받은 덕이라는 생각이 들어요. 같은 뱃속에서 나와도 아이마다 성격과 성향이 다르기 때문에 엄마는 아이의 스타일에 맞추어 플랜을 짜야 합니다.

혜진이는 중학교 때 공부에 관해서는 크게 스트레스를 받지 않았습니다. 학교 자치 법정의 판사를 맡기도 하고, 여자 축구부와 농구부 선수로 뛰기도 했습니다.

그리고 초등학교 2학년부터 고등학교 2학년까지 회장을 맡았는데, 항상 2학기에만 회장을 했습니다. 운동을 좋아하다 보니 체육대회가 열리는 2학기에 직접 선수를 선발하고 경기를 잘 진행해서 이기고 싶었기 때문이에요.

공부 잘하고 운동도 잘하고 리더십도 있다 보니 몇몇 친구들의 시샘을 받기도 했습니다. 혜진이의 친구는 두 부류로 확연히 갈라졌어요. 혜진이를 아주 좋아하는 친구와 싫어하는 친구로요. 하지만 성격이 털털해서인지 남학생들과는 전반적으로 잘 어울렸고, 지금도 연락하는 친구를 보면 여자 친구보다 남자 친구가 더 많습니다. 혜진이 성격에는 남녀 공학이 잘 맞았던 거죠.

사실 나는 혜진이가 공부를 잘한다는 건 알고 있었지만 중학교에 진학한 뒤로 혜진이의 성적이나 등수를 제대로 몰랐습니다. 혜진이가 말하지 않았고, 담임 선생님께 물어보는 것도 조금 민망해서 그저 잘하겠거니 생각만 했습니다. 중3 때 담임 선생님이 혜진이가 공부를 잘한다고 말씀해 주셔서 그때도 반에서 1~2등 정도 하나 보다 생각했는데, 전교 1등으로 졸업한다고 해서 깜짝 놀랐습니다. 그때 처음으로 혜진이의 등수를 알았습니다. 나중에 혜진이가 이렇게 말했습니다.

"엄마가 내가 몇 등 하는지 물어보거나 학교에 전화해서 알아보지 않아서 참 좋았어."

물론 무관심은 아니었습니다. 잘하겠거니 믿었고, 성적이나 등수로 아이를 압박하기 싫었기 때문입니다. 사실 노심초사하지 않은 건 아니지만, 당시의 내 처신이 옳았다고 생각합니다.

대원외고에 진학하다

나는 혜진이가 집 근처의 일반고에 가서 의대에 가면 좋겠다고 생각했습니다. 당시에는 일반 고등학교에 보내서 내신을 잘 받는 것이 더 낫다는 생각이 엄마들 사이에 팽배해 있었습니다. 나도 당연히 혜진이가 집 근처에 있는 숙명여고나 경기여고에 가면 되겠다고 생각하고 있었습니다.

◆ 과학고 예술 등의 분야에서 특별한 재능을 보이는 학생들을 선발하여 특수한 교육을 시키는 고등학교 과정으로, 과학고에서 전환된 과학 영재학교와 새로 설립된 과학 예술 영재학교로 나뉜다. 전국에 8개의 학교(서울과학고, 경기과학고, 대전과학고, 대구과학고, 광주과학고, 한국과학영재학교, 세종과학예술영재학교, 인천과학예술영재학교)가 있다.

그런데 혜진이는 대치동 아이들 사이의 경쟁심 때문에 힘들다며 다른 지역의 학교로 가기를 원했습니다. 수학 선행을 하기는 했지만 고교 과정 정도만 선행한 것이지 영재학교◆에 지원할 정도로 한 것은 아니어서 고민이 많았습니다. 그 무렵이 하나고가 뜰 때여서 학교 설명회에 같이 가 보기도 했습니다. 혜진이는 괜찮다고 했지만,

집과 너무 멀고 기숙사 생활을 해야 해서 내가 아이와 떨어질 자신이 없었습니다. 그래서 기숙사 생활을 하지 않아도 되는 대원외고를 선택했습니다. 대원외고에 가면 진로가 문과로 정해지는데 괜찮으냐고 물었더니 혜진이는 문과도 좋다고 답했습니다. 1차 서류 합격 통보를 받고 난 후에도 나는 "안 가면 안 되겠니?"라고 물었습니다. 하지만 혜진이가 가고 싶어 했습니다.

혜진이가 영어를 좋아하고 잘하기 때문에 대원외고의 영어과에 들어가면 잘 적응하리라 나나 혜진이 둘 다 막연하게 믿었습니다. 그래서 학교에 대해서 따로 사전 조사를 하지 않았습니다. 그런데 나중에야 그게 엄청난 실수였다는 사실을 깨닫게 되었습니다. 이 이야기는 나중에 할게요.

자기소개서를 쓸 때도 혜진이가 쓰고 나면 내가 첨삭을 해 주는 정도로 준비했고, 면접도 가족끼리 모의 면접을 해 보는 것으로 끝냈습니다. 나와 남편이 안방에 앉아 있고, 아이가 문을 노크하고 들어와 인사를 하면 남편이 질문하는 식이었죠. 그런데 남편은 뜬금없이 노래를 해 보라는 둥 장난을 쳤습니다.

자기소개서에는 회장 활동과 직업 체험, 「타임」에서 읽은 내용 중에 인상에 남았던 '우주 쓰레기'에 관한 내용 등을 썼습니다. 지금 생각해 보면 첨삭 지도를 제대로 받지 않아서 자기소개서가 그리 매끄럽지는 않았을 겁니다. 혜진이의 내신이 좋기는 했지만, 학원에 많이 다니지 않아서 정형화되지 않고 책을 많이 읽은 덕분에 사고력이

고등학교를 선택할 때는
아이의 역량과 성향을 잘 따져서 선택해야 합니다.
무턱대고 '좋은 학교'에 보내겠다는 생각으로 접근해서는
입학 후에 쉽게 적응하지 못할 뿐만 아니라
내신에서도 불리해질 수 있기 때문입니다.

깊어서 대원외고에 합격했던 것 같습니다.

　그리고 굳이 또 한 가지 합격 이유를 따지자면, 당시 학부모와 아이들이 이과를 선호해서 이과 중심의 프로그램이 발달한 자율형 사립 고등학교에 많이 쏠린 탓에 외고에는 상대적으로 우수 자원이 덜 몰렸기 때문이 아닌가 생각합니다. 실제로 아이가 일반고에 가면 어떻게 해서든 이과로 보내려고 하는 엄마들이 많았습니다. 나 역시 혜진이가 일반고에 갔다면 이과로 보냈을 겁니다. 엄마와 아이들이 이과를 선호하는 이유는 의대 진학이라는 이슈가 있기도 했지만, 대체로 이과 아이들이 뛰어나다는 인식이 저변에 깔려 있기 때문이었습니다. 당시 유행한 말 중에 '문송(문과라서 죄송합니다)'이라는 것이 있었어요.

지옥문이 열리다

대원외고의 영어과는 외국에서 오랫동안 살다가 온 아이들을 비롯하여 영어 잘하는 아이들이 많아서 영어로 좋은 내신 점수를 받기가 쉽지 않습니다. 단순히 내 아이가 영어를 잘하니까, 라는 생각으로 미리 알아보지 않았던 탓에 혜진이는 입학한 뒤에 내신 때문에 큰 어려움을 겪어야 했습니다. 입학할 때는 전교 3등으로 장학금을 받았지만, 본격적으로 내신 경쟁이 시작되면서 '헬 게이트'가 열렸습니다. 게다가 뜻하지 않게 '중국어'라는 암초를 만났습니다. 아이가 힘겨워하면 엄마들도 덩달아 힘들어집니다.

외고이다 보니 일반고에 비해서 외국어 수업 시간이 월등히 많았습니다. 영어과의 제2외국어는 중국어인데, 1학년 때는 영어가 6단위(1단위=1주일에 50분 수업)인 데 비해 중국어는 회화와 독해 2과목이 8단위였어요. 오히려 영어보다 중국어의 비중이 높은데 나나 혜진이는 그런 사실을 전혀 몰랐던 거예요. 뿐만 아니라 혜진이는 중국어를 전혀 못했습니다. 그러다 보니 중국어 내신 점수가 너무 안 나와서 다른 과목의 내신까지 깎아먹었어요. 독해는 어느 정도 개인 노력으로 따라갈 수 있었지만, 회화는 좀처럼 실력이 늘지 않았습니다. 심지어 중국에서 살다 온 아이들도 많아서 상대적으로 혜진이의 내신이 낮을 수밖에 없었습니다. 사전에 그런 정보를 접했다면 미리 대비를 했을 텐데, 그렇지 못한 것이 너무 안타까웠습니다.

중국어 때문에 혜진이는 많이 울었어요. 때로는 중국어 내신 때문에 쏟는 시간이 아깝다는 생각도 들었어요. 중국어의 점 하나를 틀리지 않기 위해 혜진이가 노력하는 시간에 다른 아이들은 수능 공부에 집중하고 있을 것을 생각하면 조바심이 나서 견딜 수가 없었어요. 혜진이의 대원외고 1학년 시절을 한 마디로 표현하면 '중국어와의 전쟁'이라고 할 수 있습니다.

하지만 혜진이는 스스로 목표를 정해 꾸준히 밀고 나갔습니다. 대원외고에는 선배가 후배들에게 어학을 가르쳐 주는 '대원 어학당'이라는 프로그램이 있는데 혜진이가 이 프로그램의 강사로 활동하

◆ 중국어가 제1언어가 아닌 사람의 중국어 능력을 평가하는 시험으로 한국과 중국의 교육협정에 따라 중국 정부가 시행하고 있다.

겠다는 목표를 세운 거예요. 그런데 이 프로그램에서 활동하려면 외국어 공인 인증 시험의 점수가 있어야 합니다. 중국어는 HSK* 6급을 따야 했죠. 혜진이는 결국 해냈습니다. 그리고 2학년 때부터 강사로 활동했습니다. 다른 과목의 내신 성적까지 챙기면서 중국어까지 일정한 수준까지 끌어올리느라 얼마나 고생했을까요. 지금 생각해도 안쓰럽고 한편으로는 자랑스럽습니다.

대원외고에서는 서울대학교에 한 해에 보통 50여 명을 보내는데, 그중에 재수생이 10여 명 정도로 재학생 비율이 높은 편입니다. 그래서 넉넉하게 전교 30등 안에 들면 서울대학교에 갈 수 있지 않을까 생각했고, 혜진이가 첫 중간고사에서 전교 10등 정도를 해서

이 정도만 유지하면 괜찮을 거라고 생각하려 했습니다.

하지만 사람 마음은 참 간사합니다. 중학교에서 전교 1등 하던 아이가 고등학교 가서 전교 10등을 하니까 마치 큰일이라도 난 것처럼 불안해지기 시작했습니다. 이대로 가다가는 아이가 원하는 학과에 갈 수 없을지도 모른다는 생각과 함께 성적이 이보다 더 떨어질 수도 있다는 두려움이 생겨났습니다. 혜진이의 등수를 몰랐던 중학교 때는 전혀 걱정이 없었는데, 전교 1등으로 졸업했다는 사실을 알게 된 뒤로 머리가 복잡해졌던 것 같아요.

더군다나 혜진이와 실력이 비슷했던 아이가 일반고 다니면서 내신 등급이 1점대 초반을 받았다는 말을 듣거나, 대원외고 다니던 아이가 일반고로 전학 가서 전교 1등을 한다는 소리가 들리면 나도 혜진이도 흔들렸습니다. 그런 부분에 대해서 이야기하다가 혜진이가 속상해하면, 나도 모르게 "그러게 누가 거기 가래?"라고 말해서 다투기도 했습니다. 엄마 마음에는 가까운 고등학교에 갔더라면 하지 않았을 고생을 사서하고 있는 것 같아 속상했던 거예요.

혜진이가 학교에 가려면 새벽 6시에 일어나 6시 45분에 스쿨버스에 몸을 실어야 했습니다. 야간 자율 학습을 끝내고 집에 오면 밤 11시였어요. 그 생활을 3년 동안 하면서 단 한 번도 스쿨버스를 놓쳐 본 적이 없었습니다. 잠은 부족하고 몸은 몸대로 축나는데 앞날까지 장담할 수 없었습니다. 결과적으로는 대원외고 간 것을 다행이라 여겼지만, 당시에는 많이 후회했고 불안했습니다.

혜진이의 비교과 활동

혜진이는 경제학과나 경영학과에 가고 싶어 했습니다. 수학을 잘해야 하는데, 다행히 혜진이는 수학을 좋아하는 정도를 넘어 이과 아이들만큼 잘해서 크게 걱정하지 않았습니다. 그래도 학원에 다니지 않을 수는 없었어요. 수학 점수에 따라 내신 등급이 갈렸으니까요. 그래서 대원외고 학생들이 많이 다니는 조엘 통찰 수학 학원에 1학년 때부터 다니며 내신과 수능 준비를 했습니다.

학원은 주말에만 다닐 수 있었는데, 1학년 때는 수학 학원 외에 대치동에 있는 KCI 어학원에서 중국어를 배웠어요. ILE 영어 학원은 시간이 맞지 않아서 2학기부터는 다닐 수 없었습니다. 대신 영어는 대원외고 내신에 특화되었다고 알려진 학원에서 고2 때부터 다니며 내신 대비를 했습니다.

사회는 내신과 수능에 대비하여 '사회 문화'와 '생활과 윤리'를 준비했는데, 내신 대비 학원에 다니다가 고등학교 2학년 때 흔히 말하는 1타 강사가 있는 학원에서 준비했습니다. 대원외고는 사회와 과학의 비중이 작아서 내신 부담이 덜했고, 선행 학습이 특별히 영향을 미치지도 않았습니다.

2학년부터 중국어 시수가 절반으로 줄어들고 대신 영어가 6단위에서 12단위로 급격하게 늘어났어요. 영어의 비중이 늘면서 혜진이는 성적이 올라 전교 5등 이내를 안정적으로 유지했습니다. 이때부터는 아이가 원하는 학과에 지원할 수 있겠다는 생각에 전공의 성격에 맞는 비교과 활동에 집중했습니다. 아이가 외향적이고 학자 스타일이 아니라서 경제학과보다는 경영학과에 맞을 것 같다는 생각이 들었습니다.

1~2학년 때는 모든 비교과 활동에 참여하겠다는 생각으로 교내 경시 대회는 모조리 참여했습니다. 혜진이뿐만 아니라 대원외고 아이들은 활동적이고 욕심이 강해서 대부분의 아이들이 교내 비교과 활동에 참여한다고 보면 됩니다.

혜진이는 수학 경시 대회에 참여해서 대상을 탔고, 백일장에서 장원을 했으며, 영어 에세이 대회에서 금상을 받는 등 주요 과목에서 좋은 결과를 얻었습니다. 이런 결과를 낸 데에는 어릴 때부터 꾸준히 해 온 독서의 힘이 컸다고 봅니다.

다시 중국어 이야기를 하지 않을 수 없네요. 중국어 내신이 좋지 않아서 중국어 관련 비교과 활동도 필요하다는 생각이 들었습니다. 마침 중국어 시 낭송 대회가 열려서 혜진이에게 준비를 하자고 했습니다. 하지만 아이가 너무 바빴고, 혜진이도 내켜하지 않았어요. 하지만 저는 불안한 마음에 "중국어 관련 교내 수상이 있는 것과 없는 것은 다르지 않니?"라고 설득했고, 다행히 혜진이는 작으나마 상을 받았습니다.

물론 중국어는 주요 과목이 아니어서 크게 중요하지 않을 수 있습니다. 하지만 서울대 경영학과는 문과 최상위 학생들이 몰리기 때문에 약점이 될 것 같은 부분은 어떻게라도 채우고 싶었습니다. 일반고라면 별 상관이 없겠지만, 외고는 일반고에 비해 내신에서 불리하기 때문에 막연한 불안감이 있었던 거예요.

소논문이 사라지면서 이를 대체한 학술 탐구 대회에도 참가했습니다. 학교에서는 상위 20%의 우수 논문을 선발해서 발표하게 했는데, 혜진이는 20% 이내에 들었습니다. 학술 탐구 대회는 세 명이 한 조를 이루는데, 아이들은 야자 시간을 활용해 준비했습니다.

아이들의 비교과 활동이나 교내 경시 대회의 수준이 부모의 수준을 넘어서기 때문에 특별히 부모가 도와줄 수 있는 부분은 많지 않습니다. 아침밥 해 주고 스쿨버스에서 아이가 내리면 가방을 들어 주고 응원을 해 주는 정도밖에 없었어요. 물론 사교육의 도움을 받거나 부모가 나서는 경우도 있습니다. 하지만 그런 경우에는 티가 난다고 해요. 장기적으로 보았을 때도 아이에게 악영향을 미칠 수 있다고 생각합니다.

혜진이 엄마가 기억하는 대원외고

대치동 근방의 학교에서는 포기하지만 않으면 못해도 4~5등급은 나온다는 말이 있습니다. 그만큼 상대적으로 포기하는 아이들이 더러 있다는 뜻입니다. 그런데 대원외고 아이들은 포기를 몰랐습니다. 7등급도 포기하지 않고 열심히 합니다. 내신이 좋지 않아도 스스로 자신의 역량을 알기 때문에 논술이나 특기자 전형 등 각자에 맞는 전형을 찾아서 디들 끝까지 열심히 해요. 학교에서도 아이들의 숨통을 틔워 주기 위한 여러 가지 다양한 활동을 마련해 놓고 있는데, 아이들은 스트레스를 풀기 위해서라도 그런 비교과 활동에 열심입니다.

혜진이가 대원외고 다니던 때를 떠올려 보면 좋은 기억이 많습니다. 일단 아이들이나 학부모들이 아주 훌륭하고 좋았습니다. 아이들 경쟁이 부모들 경쟁으로 이어지기 마련이잖아요? 아이들끼리 경쟁 관계에 있으면 좋은 정보를 공유하지 않는다거나 심지어 험담을 하고 헐뜯기도 하는데, 대원외고 학부모들은 그러지 않았습니다. 혜진이가 중국어 때문에 고민이라고 털어놓으면 다른 엄마가 "이것 해 봐. 우리 아이 시켜 보니까 좋더라"라고 말해 주는 식이었어요. 서로 조언해 주고 같이 열심히 해서 좋은 결과를 내자는 분위기였지, 우리 아이만 잘되면 된다는 엄마는 보지 못했습니다. 혜진이가 중학교 때 대치동의 경쟁적인 분위기 때문에 마음 상할 때가 많았는데, 대원외고에서는 그런 부분이 없어 좋았습니다.

끝까지 포기하지 않고 열심히 하는 아이들의 모습도 보기 좋았습니다. 누가 자기보다 잘한다고 해서 시샘하거나 왕따를 시키는 경우도 보지 못했어요. 아마도 그건 아이들이 너무 바빠서 그런 일로 감정을 소모하지 않으려고 하기 때문인지도 모릅니다. 혜진이도 친구 문제로 마음고생을 하지 않았습니다. 아마도 혜진이가 평생 살아가면서 그처럼 우수한 집단을 다시 만나기는 힘들 거라는 생각이 듭니다. 둘째를 일반고에 보내다 보니 그 차이가 확연히 드러나더군요.

물론 엄마들 사이에 대원외고의 프로그램에 불만이 없었던 건 아닙니다. 엄마들이 "하나고는 이런 프로그램을 한다는데 우리는 왜 안 해요?"라는 식으로 불만을 토로하면 학교는 '우리는 우리고 거기는 거기'라며 선을 그었습니다. 그러면서 아이들을 위해 여러 가지를 고려하고 있으니 학교를 믿어 달라고 설득했습니다. 지금 생각해 보면 어설프게 다른 학교의 프로그램을 따라하기보다는 학교의 역량에 맞추어 집중한 것이 맞았다는 생각이 듭니다. 잘 모르는 사람들은 대원외고가 엄마들의 힘에 의해 움직인다고 하는데, 그런 소문은 맞지 않는 것 같습니다.

대원외고는 아이들의 인성 교육을 위해 학년별로 다양한 프로그램을 운영하고 있는데, 고등학교 3학년은 반별로 텃밭을 가꾸었습니다. 아이들은 스스로 키운 상추와 토마토 등을 먹으며 자연의 소중함을 배웠습니다. 혜진이와 친구들은 비가 많이 온 날 식물들이 걱정되어 텃밭을 오가며 살피고 보살폈다고 하더군요. 고3의 스트레스를 풀고 힐링하는 방법으로 꽤 괜찮은 것 같습니다.

대원외고의 훌륭한 전통 중 하나로 '1년 후의 약속'이라는 프로그램이 있습니다. 전년도에 그 학과에 합격한 선배들이 수능 다음 날부터 면접 때까지 후배들을 위해 1:1 코칭을 해 주는 거예요. 실제 면접 장소와 똑같이 세팅하고 학교 선생님과 선배가 면접위원이 되어 매일 오전 학교에서 모의 면접을 했습니다.

서울대학교 면접을 본 대원외고 학생들은 '1년 후의 약속'을 위해 그 순간을 복기해 놓습니다. 그래서 혜진이도 면접 상황이나 질문 등을 생생히 기억해 두었습니다. 참 감사하게도 선배들은 기말고사를 준비해야 하는 시기임에도 자신들이 받은 도움을 후배들에게 똑같이 베풀기 위해 모교를 찾아와 소중한 시간을 내어 주었습니다. 어디에서도 얻을 수 없는 소중한 기회이자 도움이었어요. 면접 합격의 일등공신은 바로 이 '1년 후의 약속'이 아닌가 생각합니다.

입시 설명회에 가야 할까?

대치동의 학원가에서는 입시 설명회가 자주 열립니다. 나는 혜진이가 고등학교 1학년 때부터 다니기 시작했습니다. 이투스 학원의 L 소장님이나 시대인재 학원의 J 선생님 등이 유명한데, 이런 분들이 설명회를 하면 학부모가 너무 많이 몰려서 영상으로 봐야 하는 경우도 있습니다.

보통 수시전형에 대해서는 1학기 중간고사 무렵에 설명회가 열리는데, 엄마들 눈높이에 맞추어서 배치표 보는 법, 수능의 표준 점수 계산하는 법, 사례에 따라 어떤 대학이 유리하고 불리한지 등을 짚어 줍니다. 설명회 때 자료집을 나누어 주기도 하는데, 아이들 공부하는 것처럼 빈칸을 채우거나 그래프를 그려야 하는 것도 있습니다.

처음 설명회에 참가했을 때는 무슨 내용인지 모르면서 그냥 앉아 있기만 했습니다. 그저 불안한 마음에 설명회를 찾아다녔던 거죠. 그러다가 혜진이가 고등학교 2학년 여름 방학이었을 때에야 '아, 그게 이 이야기였구나' 하면서 알아듣기 시작했습니다. 이후로는 나름대로 필요한 정보를 모으고 분석도 하게 되었습니다. 아이들 입시 세계에 뒤늦게 뛰어든 엄마들은 대체로 내가 했던 것과 같은 코스를 밟게 될 거예요.

사실 입시 정보는 큰 흐름이나 윤곽을 파악하는 데 도움이 되지만, 세세한 정보에 대해서 알고 있다 해도 아이 실력이 따라 주지 않으면 아무런 의미가 없습니다. 아이가 고등학교 2학년이 되면 어느 정도 윤곽이 나오기 때문에 그때부터는 아이 성적에 맞추어서 골라 들을 수 있습니다. 그리고 고등학교 2학년 때까지는 아직 상황이 명확하지 않고 엄마들도 마음의 여유가 있어서 다른 엄마들이 "같이 가 볼까?" 하면 무리를 지어 설명회에 참석해서는 잡담도 하고 그러지만, 아이가 고3이 되면 머리가 복잡해서 여럿이 어울리기보다는 혼자 가게 됩니다.

설명회에서 아는 사람을 만나도 잡담하지 않고 집중할 수밖에 없습니다. 1년 사이에 입시 설명회를 대하는 엄마들의 마음가짐이 달라지는 거예요. 대치동 학원의 입시 설명회가 만병통치약이 아니고 어느 정도의 한계도 있지만, 수험생 엄마라면 들어 보라고 추천합니다.

나는 학원 설명회 외에 학교에서 하는 입시 설명회도 빠지지 않고 참석했습니다. 학교 선생님들은 구체적인 사례를 얘기하지는 않지만 은연중에 흘리는 말들이 있습니다. 그리고 이때 선생님들이 들려주는 조언은 학부모로서는 반드시 새겨들어야 합니다. 아이들을 어떻게 공부시켜야 할지 학부모로서 그림을 그리고 계획을 세울 수가 있거든요.

그리고 무엇보다도 나는 엄마가 아이들 입시에 대해서 알아야 한다고 생각합니다. 아이가 좋은 대학교에 가고 싶어 열심히 하고 있는데, 최소한 엄마도 어느 정도의 노력은 해야 하지 않을까요? 엄마가 입시에 대해서 모르면 입시 시즌에 꿀 먹은 벙어리가 되고 맙니다. 아이가 가져다 주는 정보만 가지고 그릇된 판단을 할 수도 있습니다. 대한민국에서 입시는 엄마와 아이가 함께 가는 여정입니다.

남편과 나는 '인 서울' 대학을 나오기는 했지만, 스카이 출신도 아니고 양가 직계에도 서울대학교 출신은 없었습니다. 우리 부부는 규칙적이고 바른 생활을 하는 스타일도 아닙니다. 그래서 융통성 없고 모범적이기만 한 혜진이를 보면서 답답한 때가 많았습니다. 하지만 혜진이는 자신의 성향대로 페이스를 유지하며 꾸준히 밀고 나갔고 결국 원하는 결과를 얻었습니다. 돌이켜보면 혜진이를 키운 건 나였지만, 오히려 혜진이가 나에게 더 많은 가르침을 주었던 게 아닌가 생각하게 됩니다.

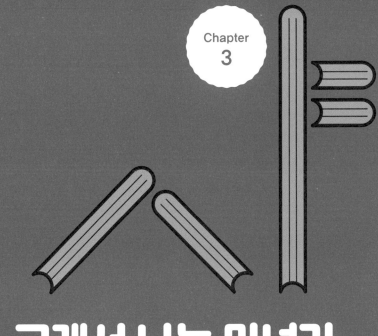

Chapter
3

그래서 나는 마녀가
되기로 했다

학부모 **남은숙**

학생 **배지원**(가명) 서울대학교 중어중문학과, 충북 대성고등학교, 지역균형선발전형

지원이는 우리 부부가 어렵게 얻은 아이였습니다. 하지만 양가 가족들로부터 예쁨을 많이 받다 보니 아기였을 때 예민하고 고집이 세고 자기중심적이었어요. 이렇게 자라다가는 남들에게 폐나 끼치고 미움 받을 것 같아 걱정이 컸어요. 그래서 육아와 관련된 책을 많이 찾아봤습니다.

아이가 감정을 잘 정리해서 표현하는 등 인성을 기를 수 있는 방법이 없을까 고민하다가 독서가 도움이 될 것이라는 생각을 했습니다. 그래서 한글 교육과 독서 교육을 같이 시작했습니다. 유아기와 초등학생 때는 자신의 재능을 발견하게 하고, 학년이 올라가서는 인내심을 길러 스트레스에 잘 견디도록 하면서 자기주도적 활동을 잘하게 하고 싶었습니다. 그래서 내면의 힘을 바탕으로 중학교와 고등학교의 생활을 힘들지 않게 느끼게 해 주고 싶었어요. 이제 시작할 이야기는 고집불통 아기 지원이가 어엿한 숙녀로 자라는 과정입니다.

엄할 때는 엄하게, 그러나 사랑을 담아서

유아 때 지원이는 작은 소리에도 곧바로 깨고, 안고 있지 않으면 잠을 자지 않았습니다. 돌까지는 지원이를 안고 재우느라 편하게 누워 본 적이 없을 정도였어요. 가족들과 여행을 갔을 때도 잠투정이 심해서 온 가족이 잠을 제대로 자지 못했습니다. 어떨 때는 집에 온 손님이 자기 마음에 안 들면 기어이 손님이 나가야 울음을 그치는 아이였습니다.

또 한 가지 일에 대한 집착도 강했습니다. 세 살 때 지원이와 함께 외출을 해야 해서 옷을 입히고 나도 준비를 하느라 지원이를 잠시 혼자 두었어요. 준비를 끝내고 아이 방에 갔더니 나무 막대를 세우고 있었는데 그게 자꾸 쓰러지니까 울면서도 끝까지 세우려고 하는 거예요. 급한 마음에 도와주려고 하자 울음을 터뜨렸습니다. 그렇게 자기 힘으로 열 몇 개를 다 세우고 나서야 비로소 일어났어요.

크면 나아지겠거니 생각했는데 네 살이 되어서도 전혀 나아질 기미가 보이지 않았습니다. 이렇게 두어서는 안 되겠단 생각에 지원이의 버릇을 고치기로 했습니다.

어린이집에 다닐 때였습니다. 어린이집에 다니기 시작한 지 몇 달이 지나도록 안 간다는 말은 안 했어요. 그런데 자기를 어린이집에 보내는 내가 미웠던지 어린이집에 다녀오기만 하면 나를 째려보고, 심한 날에는 꼬집기까지 했어요. 하루는 단단히 맘을 먹고 방에 데리고 가서 파리채로 종아리와 엉덩이를 때렸습니다. 그런데 아이가 대드는 거예요. 이 악물고 더 때렸어요. 화가 난 나머지 너무 세게 때렸는지 파리채가 부러지고 말았습니다. 엄마가 진짜로 화를 내는 모습을 보자 아이의 눈빛이 변하면서 무서워하는 듯했고 더 이상 반항하지 않았습니다. 나도 그렇게까지 화를 낼 생각은 없었고 파리채가 부러지는 바람에 많이 놀라기도 했지만, 그날은 지지 않으려고 마음을 독하게 먹었습니다.

그 뒤로 지원이를 훈육할 때는 심하게 혼내더라도 평소에 애정 표현을 자주 하고 다른 부분에서 보상을 해 주려고 했습니다. 무서운 엄마 이전에 지원이를 사랑하는 다정한 엄마의 모습이 있다는 인식을 심어 주려고 노력했어요. 사랑한다는 말도 자주 했고요. 그랬더니 지원이가 커서 통화할 때면 "엄마, 사랑해요"라는 말을 잘합니다. 가끔 사람들과 있어서 내가 조용히 "어"라고 대답하면, "표현이 약해요"라고 타박을 하기도 해요. 그러면 일부러 큰 소리로 "나도 사랑해"라고 말해서 같이 있는 사람들과 웃는 일도 있었습니다.

또 아이가 힘들 때면 엄마와 의논하면서 해결책을 찾는 그런 모녀 사이가 되고 싶었습니다. 그러기 위해 지원이와 대화를 많이 하고 애정 표현도 자주 하려고 노력했습니다.

독서와 작문 교육은 이렇게

한글 교육은 세 살 때부터 시작했습니다. 학습지가 아니라 시중에 나와 있는 교재를 매일 일정량 학습하도록 했습니다. 또 책을 함께 많이 봤는데, 한글 교육에 도움이 많이 되었어요. 지원이가 다른 아이들에 비해 말은 느렸지만, 네 살부터 어느 정도 한글을 인식하기 시작했습니다.

아이가 자라면서 자신의 감정을 글로 표현하도록 유도하기도 했습니다. 다섯 살 때 유치원 소풍을 다녀온 후 유치원 버스에서 내려 집으로 돌아오는 길에 아이에게 소풍은 어땠는지 물었어요. 그러자 지원이는 소풍 간 곳에 산이 3개 있었는데 참 평화로워 보였다고 하더라구요. 그래서 집에 바로 가지 않고 카페에 들러 아이에게 느낀 감정을 종이에 적어 보라고 했습니다. 집에 돌아온 후에는 종이에 적은 것을 가지고 동시를 써 보라고 했구요. 한글을 쓸 수 있게 된 뒤로는 이런 식으로 자신의 생각과 느낌을 정리해서 글을 쓰게 하는 습관을 들이도록 노력했습니다.

한번은 비가 오는 날 같이 우산을 쓰고 가는데, 비가 나뭇잎에 떨어지며 다닥다닥 소리가 났습니다. 지원이가 그 소리를 듣고는 "아프겠다"라고 혼잣말을 했어요. 나뭇잎이 비에 맞아서 아플 것 같다고 생각한 거예요. 집에 온 뒤 샤워하고 나오는 아이에게 물었어요. "지원아, 씻고 나니까 기분이 어때?" 시원하다고 대답하는 아이에게 이렇게 말해 주었습니다. "나무들이 비를 맞아서 아프기도 하겠지만, 먼지가 쌓인 몸을 씻어 주니까 시원하지 않을까?"라고 말해 주면서 이때의 느낌도 동시로 써 보라고 권했습니다.

다섯 살 이후부터 서점에 가서 같이 책을 골랐습니다. 당시 직장다니느라 피곤한 날도 많았지만 지원이가 여섯 살 때까지는 자기 전에 반드시 세 권의 책을 읽어 주었습니

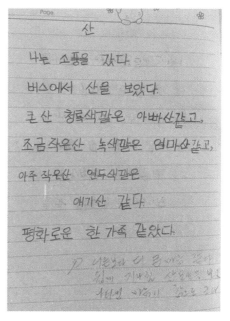

■ 지원이가 다섯 살 때 쓴 동시. 지원이의 첫 문학 작품이다.

다. 창작 동화나 위인전을 중심으로 다양한 책을 읽어 주었는데, 가끔 아빠가 읽어 줄 때면 아이가 원하는 책으로 골랐습니다. 남편은 상황에 따라 목소리를 바꾸고 의태어도 실감나게 표현하는 등 구연 동화를 하듯 읽어 주어서 아이가 좋아했습니다. 책 읽는 습관을 갖게 하려고 꾸준히 노력했고, 다행히 나중에는 책 읽는 것이 일상화되었습니다.

고통 총량의 법칙

지원이가 무남독녀라 자기중심적이거나 남을 배려하는 마음이 적을까 봐 걱정이었습니다. 그래서 이런 점을 보완하기 위해 어떤 방법이 좋을까 고민하다가 생각해 낸 것이 한자 공부를 시키는 것이었습니다. 고사성어 등 의미를 생각하면서 공부하면 인성을 쌓을 수 있겠다는 생각이 들었습니다. 말의 무서움을 알면 남에게 상처 주는 말을 함부로 하지 않을 거라 생각했습니다. 그래서 지원이가 일곱 살이 되면서 한자 공부를 시키기 시작했습니다. 처음에는 장원, 신지원, 어문회 한자 등의 시중 교재를 택해서 8급*부터 시작했습니다. 한자공부도 독서만큼 중요하다는 생각에 하루도 빠짐없이 일정량을 하게 했어요. 그러다가 단순히 배우는 것보다 시험을 보는 것이 좋을 것 같다는 생각에 어문회 시험 8급부터 시작했어요. 함께 공부하면서 먼저 한자를 외우도록 한 뒤 예상 문제를 풀어 보고 합격할 것 같으면 시험을 보게 했습니다. 일곱 살에 시작한 뒤로 초등학교 6학년 때까지 1년 365일 중에 300일은 한자 공부를 했을 정도였어요.

하루에 한 페이지씩 암기하도록 해서 테스트를 하고 오답 정리까

◆ 시험을 주관하는 단체에 따라 차이가 있지만, 한자 능력 시험은 대체로 15단계로 나뉜다. 8급이 가장 낮은 등급이다. 한국어문회가 주관하는 한자 능력 시험의 경우, 8급 → 7급Ⅱ → 7급 → 6급Ⅱ → 6급 → 5급Ⅱ → 5급 → 4급Ⅱ → 4급 → 3급Ⅱ → 3급 → 2급 → 1급 → 특급Ⅱ → 특급으로 단계가 나뉜다.

지 하는 방식으로 진행했습니다. 급수가 올라가도 같은 방법을 유지했어요. 8급을 준비할 때는 하루에 1시간 정도 공부하면 되었는데, 공인 급수*를 준비할 때는 3시간 정도가 걸렸습니다.

◆ 국가나 공공 기관이 능력을 인정하는 단계로 한자 능력 시험의 경우 2급 이상의 단계를 말한다.

　　이렇게 어렸을 때부터 책을 읽고 글을 쓰며 한자를 외우는 등 공부하는 습관을 들였는데, 그게 쉽지만은 않았습니다. 지원이가 3학년 때, 어떤 날은 하기 싫다고 반항하기도 했어요. 그럴 때마다 나는 물러서지 않았습니다. 다른 면에서는 지원이의 의사를 존중해 주었지만 공부만큼은 타협하지 않았어요. 그렇다고 강압적으로 밀어붙이기만 한 것은 아니에요. 아이가 힘들어하면 충분히 이야기를 나누고 설득시킨 뒤에 다시 힘을 내서 할 수 있게 했습니다.

　　하루는 힘들어하기에 아이가 좋아하는 오렌지 주스와 오징어를 들고 동네 공원으로 산책을 나갔습니다. 그리고 이렇게 말해 주었어요.

　　"지원이는 변호사가 되고 싶다고 했는데, 네가 좋아하는 일을 하기 위해서는 공부를 잘해야 해. 그중에서 한자를 잘하면 중학교에 가서도 공부를 어렵지 않게 잘할 수 있을 거야. 엄마는 네가 공인 급수 공부를 꼭 했으면 좋겠어. 지금까지 쉽지 않았고 지금도 힘든 거 알아. 하지만 엄마가 너랑 함께할게."

　　그랬더니 지원이가 눈물을 뚝뚝 흘리며 공인 급수 시험을 준비하겠다고 했습니다. 엄마가 집이 아닌 장소에서 그렇게 말해 준 게 평소와 달라서 아이에게 감동이었던 것 같았습니다. 사실 제가 욕심을 내긴 했어요. 초등학교 때 노는 습관이 몸에 배면 평생 그럴지 모른다는 생각에 초등학생 때부터 공부하는 습관이 몸에 배도록 다그쳤던 거예요. 어릴 때부터 공부습관을 잘 들여서 중·고등학생 때 시험 준비할 때 겪는 스트레스를 덜 받게 해 주고 싶었습니다. 그러나 저의 이러한 바람이 지원이에게 제대로 닿지 않을 때도 있었습니다.

공부를 하면서 지원이가 힘들어한다는 것을 많이 느꼈습니다. 아빠가 일찍 들어온 날에는 자신의 힘든 점을 드러내고는 했어요. 공부가 끝나면 아빠가 있는 방으로 가면서 일부러 '쾅' 소리가 나도록 세게 문을 닫는 거예요. 엄마에 대한 불만을 그런 식으로 표출했던 겁니다.

지원이가 힘들다고 투정을 부리면 남편은 "어린애한테 이렇게까지 해야겠어"라고 했고 나는 "지원이가 능력만 된다면 머릿속에 다 넣어 주고 싶어!"라고 말했습니다.

몇 번 그런 식으로 트러블이 있은 후에 남편은 교육은 나에게 일임하겠다고 손을 들었습니다. 그 뒤로도 가끔씩 교육 문제로 트러블이 있었지만 지금의 내 노력이 지원이를 위한 길이라는 생각에 많이 참고 노력했습니다.

지원이가 대학에 들어간 뒤 어느 날 통화를 하는데 이랬어요.

"엄마, 난 엄마가 참 존경스러워요. 어렸을 때는 힘들었지만, 제가 이렇게 힘들지 않게 공부할 수 있도록 해 주셔서 정말 감사해요.

엄마, 이백 살까지 사세요."

그때 나는 우리 딸이 바르게 컸구나, 하는 생각이 들며 고마웠습니다.

누군가 이런 말을 해 주었습니다. 아이를 키우는 데에는 '고통 총량의 법칙'이 있다고. 어릴 때 부모를 힘들게 한 아이는 나중에 자라서 부모의 마음을 편하게 해 주고, 어릴 때 부모를 편하게 한 아이라 하더라도 언젠가는 부모의 속을 썩일 때가 있다는 뜻입니다. 아이를 키우고 보살폈던 시간을 돌아보면 어느 부모나 고통과 기쁨을 동시에 느끼기에 그렇게 표현하는 걸 거예요. 지원이는 네 살 때까지 저를 매우 힘들게 했지만, 이후에는 큰 어려움을 겪지 않았고 사춘기도 무난히 넘어갔습니다. 살아가면서 찾아오는 고통의 시간을 어떻게 넘기느냐에 따라 결과가 달라진다는 사실을 아이를 통해서 배웠습니다.

한자 공부가 이렇게 도움이 될 줄이야

지원이가 한자 시험을 치를 때마다 거의 합격했습니다. 초등학교 4학년 때 3급 시험에 합격하자 어문회 2급 시험을 볼 때는 아이 아빠도 같이 간 적이 있었어요. 그런데 시험을 보고 난 지원이의 얼굴이 잿빛이 되어 있었어요. 시험에 떨어진 거였죠.

한문의 교과 비중이 낮아서 등한시하는 경우가 많습니다.
하지만 우리나라 어휘에서 한자어가 차지하는
비중이 크기 때문에 한문을 알면
어휘의 의미를 이해하고 파악하는 데 큰 도움이 됩니다.
한문은 고난도의 공부를 하기 위한 바탕입니다.

이후 시험을 치를 때면 지원이는 아빠가 기대할 텐데 또 떨어지면 어떻게 하느냐며 시험에 대한 스트레스를 받기 시작했습니다. 그래서 이렇게 말해 주었어요.

"이 시험이 얼마나 어려운 시험인데, 어린 네가 떨어질 수 있는 건 당연한 거야. 만약 이번 시험에도 떨어지면 아빠한테는 합격했다고 하고, 너와 나만의 비밀로 한 후 다시 해보자."

그 후 두 번째 시험에서도 떨어졌지만, 둘만의 비밀이 생겨 더 열심히 했고, 초등 6학년 때까지 어문회 1급을 따서 마무리했습니다. 남편은 아직도 이 사실을 모른답니다.

한자 공부를 열심히 한 효과는 지원이가 초등학교 고학년일 때 나타나기 시작했습니다. 다른 과목을 공부하면서 문제가 이해되지 않을 때 한자로 풀어서 생각하면 이해할 수 있고 답도 보인다고 하는 거예요. 어문회 1급 자격증을 취득하기까지 그렇게 고생했는데,

드디어 고생한 보람이 오나 싶어서 참 기뻤습니다. 지원이는 한자를 통해 단어의 의미를 알아 가는 맛을 알게 되면서 더욱 욕심을 내어 열심히 공부했습니다. 학교 시험에서는 항상 1등을 했습니다. 저학년일 때는 아이와 함께 공부를 하다가 고학년이 되어서는 나는 큰 틀에서 방향만 알려 주고 시험 보기 전에 함께 문답으로 마지막 체크를 했습니다.

지원이의 다음 단계는 중국어였습니다. 한자를 잘 아니까 중국어를 습득하는 속도가 매우 빨랐어요. 그래서 HSK 시험에 응시하고 일본어 공부도 같이 했습니다.

공인 급수를 시작하면서부터는 한자 학습량이 너무 많아져서 한자 하나하나를 익히는 데 한계가 있었습니다. 그래서 효율적인 방법을 찾다가 신문 사설을 이용한 학습 방법에 대한 기사를 읽고 활용하기로 했습니다.

먼저 신문 사설 3가지 중에 하나를 지원이가 선택하도록 했습니다. 선택한 사설을 노트 한쪽에 붙이고 다른 한쪽의 노트에는 사설 내용을 한자로 번역하게 했습니다. 사설을 한자로 옮겨 적으며 내용을 파악한 후 자신의 생각을 한글로 정리하게 하고, 그것을 다시 영어 에세이로 옮기게 했어요. 하나의 사설 내용을 한자 공부, 논술, 영어 에세이 세 가지 버전을 완성해야 한 개의 사설 정리가 끝나는 방식이었습니다.

이러한 과정을 초등학교 4학년 때부터 중2 때까지 계속했습니

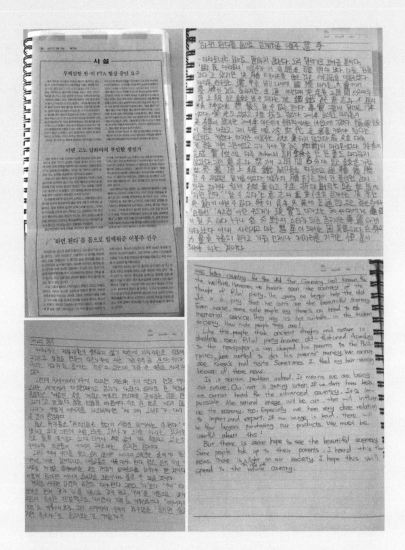

- 신문 사설을 이용한 지원이 엄마표 학습법. 하나의 사설을 한자로 번역하고, 사설을 읽은 소감을 한글로 정리한 뒤 이를 다시 영어 에세이로 옮긴다.

다. 이러한 학습법은 실제로 지원이가 고등학교 때 비문학의 내신이나 수능 공부를 할 때 많은 도움이 되었습니다. 서울대학교 수시 원서 접수 때 이 자료의 일부를 함께 제출했는데, 면접 때 면접위원 교수님들과 이 자료에 대해서 많은 이야기를 나누었다고 합니다.

지원이는 어릴 때의 한자 교육으로 중국어까지 좋아하게 되었고, 서울대학교 인문학부에 진학하여 중어중문학을 선택했습니다. 지금도 지원이는 친구들로부터 '중국어 덕후'로 불립니다.

어릴 때의 영어 교육은 원서 읽기와 전화 영어로

영어 교육은 여섯 살 때부터 시작했습니다. 원어민이 가르치는 영어 학원에 보냈는데, 하루는 아이가 영어 욕을 배워 온 거예요. 그래서 다른 학원을 알아보았지만, 남편의 일 때문에 군 단위의 지역에 살던 때라 전문성 있는 학원을 찾을 수 없었습니다. 결국 영어는 나랑 둘이서 시작해야 했어요.

자녀 교육서의 내용 중에 원서를 읽히면 어휘와 문법 등에 도움이 된다는 말이 있어서 얇은 영어 동화책으로 시작했습니다. 청주 시내에 있는 영어 원서 서점에서 카세트테이프가 포함되어 있는 전집을 샀습니다. 카세트테이프를 들으면서 책을 보고 따라 읽게 했어요. 그리고 모르는 단어는 밑줄 치게 한 뒤 단어장을 만들게 했습니다. 성취감을 느끼게 해 주려고 모르는 단어에 번호를 매겨서 2,000번이 되면 다시 1번부터 시작하게 했습니다. 지원이가 "엄마, 나 2,000개나 했어"라고 하면 잘했다고 칭찬해 주는 것을 잊지 않았고요.

전집 하나를 끝내면 서점의 추천을 받아 다음 단계를 진행했습니다. 이런 방법을 유지하다가 초등학교 5학년 때 『해리포터』를 시작했습니다. 처음에는 1시간 동안 1페이지 읽는 것도 힘겨워했어요. 하지만 아이가 자신감을 잃지 않도록 괜찮다고 독려하면서 하루도 빠짐없이 꾸준히 읽게 했어요. 그렇게 6개월 정도 지나니 읽는 속도가 빨라지기 시작했습니다. 어느 날에는 1시간 동안 10페이지를 읽더니 또 어떤 날에는 2시간 만에 반 권까지 읽는 거예요. 수학은 계단처럼 실력이 늘지만, 영어는 빌딩처럼 는다는 말을 실감했습니다. 이렇게 『해리포터』 전권을 중학교 2학년까지 여섯 번 읽었습니다.

책을 선택할 때는 신문에서 소개하는 책을 참고하기도 하고, 중앙일보의 「열려라 공부」를 놓치지 않고 읽으면서 지원이에게 도움이 될 만한 것은 '따라 하기'라는 이름의 노트에 메모해 두었다가 활용하기도 했습니다.

아이 가르치는 부모는 욕심이 앞설 수밖에 없습니다. 하나를 가르치면 열을 알기를 바라는 것이 부모 마음이에요. 하지만 급할수록 돌아가야 합니다. 그렇게 해도 아이에게는 벅찰 거예요. 나는 아이와 공부를 시작할 때 아이에게 어느 정도를 하고 싶은지 먼저 물어보고 의견을 존중해 주었습니다.

지원이가 영어에 자신감을 갖기 시작할 무렵에 필리핀 전화 영어를 병행했습니다. 초등학교 3학년부터 중학교 1학년까지 일주일에 3번씩 10분간 하다가 지원이가 적응하면서 20분으로 늘렸어요. 나중에는 영국인 강사로 바꾸었습니다. 이렇게 몇 년 동안 꾸준히 하다 보니 전화 영어의 교재가 영어 원서로 바뀌었고, 나중에는 영자 신문에 난 기사를 주제로 진행하게 되었습니다.

5학년 때의 어느 날이었습니다. 지원이가 전화 영어를 하다가 싸우고는 전화를 끊어 버렸어요. 화가 덜 풀려 씩씩거리는 아이에게 왜 그러느냐고 물었더니, 일제 강점기의 위안부 피해자에 관한 내용으로 수업을 했는데, 영어 강사가 "그럴 수도 있다"는 식으로 일본 편을 드는 발언을 했다더군요. 아이가 이 정도로 발전을 했나 싶어 많이 놀랐습니다. 꾸준하게 학습한 결과라는 생각에 속으로 기뻤습니다.

전화 영어를 꾸준히 한 덕분에 해외에서 살다 왔느냐는 말을 종종 들었습니다. 그 덕분에 독해와 회화를 잘했습니다. 그에 비해 문법이 조금 약하다는 생각이 들어서 초등 고학년부터 중학교 1학년까지 문법 학습지를 시켰고,

◆ TEPS, 서울대학교 언어교육원이 주관하는 공인어학시험

3단계까지 끝냈습니다. 이런 식으로 중학교 1학년까지 학원에 가지 않고 집에서 공부한 것만으로 영어와 한자가 어느 정도의 수준에 이르렀습니다. 그러다가 중학교 3학년 때 텝스* 학원에 6개월 정도 다녔습니다. 지원이가 민사고에 들어가고 싶어 해서 공인 영어 성적

이 필요했기 때문입니다(지금은 모든 대학교와 고등학교가 입시 때 영어 공인 성적을 제출하지 않도록 규제하고 있다. 영어 조기 교육의 폐단 때문이다). 물론 민사고에 진학하기 위한 목적도 있었지만, 텝스가 수능 영어와 가장 가깝다고 해서 수능을 미리 준비한다는 생각도 했습니다.

공부하는 이유를 알아야 동기가 생긴다

수학은 초등학교 2학년부터 눈높이 학습지를 2년 정도 하다가 나중에는 단계별 학습이 잘 되어 있는 시중 교재인 기탄 수학을 했습니다. 그리고 4학년 때부터는 수학 경시대회를 준비하는 학원에 보내며 경시대회에 참가했습니다. 영어와 한자 경시대회도 찾아서 준비를 시켰는데, 거기에는 이유가 있었습니다. 막연하게 공부하기보다는 목표를 갖고 공부해야 집중력이 높아지기 때문입니다.

지원이가 경시대회를 준비할 때는 하루에 거의 8시간 정도 공부했어요. 시험이 없을 때는 숙제 등을 하면서 5시간 정도 공부를 했습니다. 공부가 끝난 뒤에는 책을 많이 읽게 했고요. 숙제 등 하루의 공부가 끝나면 지원이는 베란다에서 간식을 먹으며 책을 읽었습니다. 책 읽는 것이 아이의 휴식이었습니다. 가끔씩 남편은 너무 심한 것 아니냐고 걱정을 했지만 내 생각대로 밀고 나갔습니다. 나중에는 아이가 습관이 되어 즐겁게 공부하니까 남편도 크게 터치하지 않았습니다.

학교 숙제와 수학, 영어, 한자를 매일 공부하다 보니 지원이는 초등학생 때부터 11시 전에 자 본 적이 없었고 때로는 조금 힘들어했습니다. 하지만 점점 높은 단계에 이르고 성취감을 느끼면서 나중에는 아이가 흥미를 갖고 욕심을 내기 시작했습니다. 아이가 힘들어할 때는 "지금 이것을 해야 네가 중학생 때 조금은 덜 힘들게 공부할 수 있어"라며 공부의 필요성을 들려주어 힘든 과정을 극복할 수 있도록 도와주었습니다.

아이가 친구와 갈등을 겪을 땐 일단 무조건
내 아이의 편을 들자

지원이는 초등학교까지는 군 지역에서 학교를 다니다가 청주 시내의 중학교로 진학했습니다. 그때는 자유학기제가 없어서 시험을 봤는데 첫 중간고사에서 전교 1등을 했어요. 아이 친구 엄마들이 어떤 아이가 전교 1등을 했는지 궁금해하다가 시골에서 초등학교를 다녔던 아이라는 사실을 알고는 다들 "아, 그래?"라는 반응을 보였습니다. 운이 좋았다고 생각했나 봐요. 그러다가 기말고사에서 전 과목 100점을 받으면서 지원이는 주위의 관심을 끌기 시작했습니다.

그런데 배치 고사에서 1등으로 입학한 아이가 상대적으로 성적이 떨어지면서 그 아이와 친한 아이들이 지원이를 시기하기 시작했어요. 아이들은 참 교묘했어요. 눈에 띄게 괴롭히면 내가 나서기라도 할 텐데, 이느 선 이상을 넘지 않으면서 지원이의 신경을 긴드리니 내가 어떻게 조치를 취할 수가 없었어요. 내가 할 수 있는 일이란 학교에 아이를 데려다주고 하교할 때도 학교 앞에서 기다렸다가 데리고 오는 것밖에 없었습니다.

초등학생 때 가끔 지원이가 친구들과 문제를 일으키면, 아무 생각 없이 "네가 그러지 말았어야지"라거나 "네가 그러니까 아이들이 그런 거야"라고 했습니다. 내가 아이를 탓해서 그런지 이후로 지원이는 비슷한 일을 겪어도 내게 말을 하지 않았어요. 그런 경험 때문에 중학생이 된 뒤로는 친구들과 문제가 생기면 일단은 무조건 지원이의 편을 들어 주고 지원이보다 더 흥분하며 욕을 해 주었습니다.

하루는 지원이가 학교에서 있었던 이야기를 하며 내 앞에서 우는데, 너무 마음이 아팠습니다. 내가 당장 그 아이들에게 쫓아갈 것처럼 화를 내자, 오히려 지원이가 나를 진정시키더군요. 그런 식으로라도 아이가 대리 만족을 느끼게 해 주고 싶었습니다. 가끔 지원이를 괴롭히는 아이들을 욕하다 보면 지원이가 먼저 "엄마, 괜찮아요"라고 하기도 했어요.

지원이가 어릴 때부터 나와 같이 공부하며 많은 시간을 함께해서 나에게 의지하며 잘 극복했던 것 같아요.

고등학교에 가서도 선생님들의 관심을 많이 받았는데, 지원이는 엄마는 아이의 좋은 친구가 되어야 합니다.
그래야만 입시와 사춘기라는 힘든 시기를
큰 갈등 없이 헤쳐 나갈 수 있습니다.
입시에 성공하더라도 갈등의 앙금이 남는다면
그것은 옳은 성공이 아닙니다.

그런 점 때문에 친구들의 눈치를 살폈고, 친구 사귀는 것을 힘겨워 했습니다. 중학교 때의 트라우마가 남아 있었던 거죠. 어느 날에는 지원이가 공부 스트레스로 속상해서 울고 있는데, 한 친구가 다가와 왜 우느냐고 묻더래요. 지원이가 솔직히 얘기했더니 그 친구는 오히려 그동안 지원이 네가 부러웠다며 속을 터놓더래요. 이후로 지원이는 친구들에게 적극적으로 다가가게 되었고, 다행히 고등학교에서는 친구의 시기와 견제 때문에 속상해하는 일이 거의 없었습니다. 중학생 때 그런 일 외에는 크게 사춘기를 겪지도 않았습니다.

하지만 지원이와 나만 알고 있는 일들이 많이 있습니다. 남들 보기에는 엄마 말도 잘 듣고 공부 잘하는 착한 아이로만 보이지만 어릴 때부터 성장하는 동안 계속 기 싸움을 벌여서 키우기가 쉽지만은 않았어요. 어떤 날은 응원을 한다고 '오늘도 후회 없는 하루 잘 보내자'라고 별 뜻 없이 문자를 보냈는데, 대뜸 '그 후회가 공부 말씀하시는 거예요?'라고 시비조의 답장이 온 적도 있었어요. 또 '오늘도 열 공!'이라고 문자를 보내면, '엄마가 제 생활을 아세요? 제가 얼마나 노력하는지 아세요?'러머 답하기도 했습니다. 대학생이 된 후에 안부 문자를 보내면 "엄마, 내가 아직도 고등학생 같으세요?"라고 말할 때도 있었어요. 그래서 무슨 뜻이냐고 물었더니, 왜 아직도 자신을 관리하려 하는지, 엄마가 관리하지 않아도 열심히 공부하고 있다는 의미라고 하더라구요. 예전 어렸을 때처럼 아이의 시간을 관리하는 것처럼 느꼈나 봐요. 우리 모녀의 기 싸움은 아직도 계속되고 있답니다. 마지막 목표를 위해서….

수학은 6개월 선행 학습으로 충분하다

중학생 때도 수학 경시대회를 준비하기 위해 학원에 다녔습니다. 물론 경시대회에 나가서 상을 받으면 좋겠지만, 나의 진짜 목적은 경시대회의 난도 높은 문제를 풀어 보면서 고등학교 때 접할 어려운 문제들에 면역을 갖도록 하기 위한 것이었습니다.

수학은 심화 선행 학습을 하는 것이 중요합니다. 그래서 6개월 정도는 심화 선행하도록 했습니다. 예전에 읽었던 교육 관련 서적의 내용을 믿고 따르기로 했습니다. 먼저 기본 개념을 확실히 이해하도록 하고, 단계별로 풀고 심화 문제까지 풀도록 했습니다. 그런 단계를 거치면 다음 진도를 나가는 방식이었어요.

그런데 어느 날 아이들의 고등학교 진학을 위해 엄마들이 모인 자리에서 나는 적잖은 충격을 받았습니다. 이른바 공부 잘한다는 아이들의 엄마들이 하나같이 자기네 아이는 2년 치 선행을 하고 있다고 자랑하는 거였어요. 지원이는 고작 6개월 치를 선행하고 있을 뿐이었는데 말예요. 당시에는 아이가 너무 늦은 것 아닌가? 하는 생각에 불안하기도 했지만, 그동안 해 온 방식을 갑자기 바꿀 수 없어서 하던 대로 했습니다.

하지만 아이가 입학한 후에 그렇게 선행하는 아이들보다 지원이가 더 잘하는 것을 보고 너무 앞서가는 것만이 능사가 아니라는 것을 알았어요. 육상 대회 때 그런 장면을 볼 수 있듯이 처음부터 속도를 올려서 저만치 앞서가던 선수가 결국에는 초반의 오버페이스로 인해 실패하는 경우를요. 장거리 레이스를 하듯 공부도 너무 처지지 않게 페이스를 조절하면서 꾸준히 해 나가는 것이 좋은 방법이 아닌가 생각합니다.

모든 일이 다 그렇듯 공부를 할 때도 시간을 잘 활용하는 것이 중요합니다. 지원이는 주로 수업 사이사이의 쉬는 시간을 활용했습니다. 쉬는 시간 동안 기초 개념 문제를 풀게 하면 100문제 정도를 풀었는데, 나는 이 정도의 정도의 수준을 4등급 정도로 보았습니다. 좀 더 난도가 있는 문제는 20개 정도를 풀었는데, 이 정도면 2~3등급 수준 정도라고 생각했어요. 그 이후에는 더 어려운 문제를 5개 정도 풀게 했는데, 최고 수준은 한 문제를 푸는 데 평균 30분 넘게 걸렸습니다. 이렇게 해서 시험을 치르면 실제로 1등급이 나왔습니다. 이런 방식으로 선행 학습을 하도록 했고, 지원이는 꾸준히 이런 학습 루틴을 지켰습니다.

지원이의 9단계 학습법

초등학생 때는 『우등생 해법 수학』과 같은 시중의 교재로도 100점을 받을 수 있지만 중학교에서는 시중 교재로 50%, 나머지 50%는 학교 수업으로 채워야 한다고 생각합니다. 다 아는 내용이더라도 기억력에는 한계가 있기 때문에 지원이에게 수업 내용을 반드시 필기하라고 했습니다. 특히 교과서를 자습서 수준으로 만들게 했고, 교재와 교과서에 적어 놓은 내용을 합쳐서 복습하도록 했습니다.

중학생이 되면서부터 지원이에게 '9단계 학습' 프로그램을 준비해서 시켰습니다(유명한 강사나 학원에서 알려 준 특급 노하우가 아니라, 그냥 내가 연구해서 만든 것입니다). 이름이 꽤 거창하지만 사실은 대단히 고전적인 학습 방법입니다.

1단계는 자습서를 이용한 개념 정리입니다. 단원별로 개념을 확실히 이해하지 않으면, 다음 단계 심화에서 어려워졌을 때 아이들이 쉽게 포기하기 때문에 개념을 이해하는 것이 무척 중요합니다. 그런데 대부분의 아이들이 이 단계를 무시하고 어설프게 이해한 것만 가지고 문제에 달려듭니다. 이렇게 하면 쉬운 문제는 풀 수 있지만 난도 높은 문제는 해결할 수가 없습니다.

2단계에서는 개념과 관련한 문제를 풀어 봅니다. 문제를 풀면서 개념을 제대로 이해했는지 확인할 수 있습니다. 채점을 하면서 단순히 실수를 한 것인지, 개념을 잘못 이해한 것인지 파악하도록 했어요. 개념 문제에서 1개를 틀리면 실제 시험에서는 3개가 틀린다는 생각으로 개념을 다시 익히도록 했습니다.

3단계는 실력 다지기입니다. 문제를 풀이한 뒤에 문제별로 정답이 나온 이유와 오답이 나온 이유를 스스로 적게 하는 거예요. 이런 과정을 거치면서 개념을 좀 더 확실히 이해하게 되고 같은 실수를 반복하지 않게 됩니다. 3단계까지는 시중에 나와 있는 문제집과 자습서로 하게 했습니다.

4단계는 학교의 수업 시간에 배우는 내용을 꼼꼼하게 필기해서 교과서를 '나만의 자습서'로 만드는 것입니다. 사실 1·2·3단계를 했기 때문에 수업 시간에 교과 선생님 말씀을 교과서에 쉽게 필기할 수 있었던 것입니다. 5단계는 교과서에 필기한 것을 바탕으로 노트에 요점 정리를 하는 겁니다. 그리고 시중에 나와 있는 문제집을 보면 부록으로 시험 대비 문제가 수록되어 있는데, 이 문제를 실전처럼 풀게 한 뒤에 오답이 있으면 정리하게 했습니다. 3단계와 같은 과정을 거치도록 하는 거예요. 이 단계가 6단계입니다.

▪ 지원이의 9단계 학습법 ▪

1~3단계: 자습서를 통해 개념을 확실히 다지는 단계

4~5단계: 교과서를 '나만의 자습서'로 만드는 과정

6~8단계: 심화 학습 단계

9단계: 공부 효율을 높이는 20분 집중 학습

7단계에는 서술형 문제에 대비하도록 했습니다. 8단계에서는 수업 시간에 선생님이 나누어 준 프린트물을 정리하면서 완전히 암기하도록 했습니다. 그리고 이 8단계에서 암기한 내용을 좀 더 효율적으로 머릿속에 입력할 수 있도록 9단계에는 교과서에 중요하다고 필기했던 것을 정독하고 잠자기 전 공부법으로 유인물을 암기하게 했습니다.

그런데 9단계의 학습 방법이 조금 남다릅니다. 프린트물이든 교과서든 암기해야 할 내용은 주로 잠자기 전에 하도록 시켰습니다. 씻고 나서 침대에 누우면 잠들기 전 10분 동안 집중적으로 읽다가 그대로 옆에 두고 자게 하는 거예요. 그러고 나서 일어나며 바로 침대에서 나오는 것이 아니라 밤에 자기 전에 암기했던 내용을 다시 한 번 쭉 읽어 보도록 했습니다. 이 방법은 대단히 효과적이었습니다. 9단계에 소요되는 시간은 불과 20분이지만, 같은 분량의 내용을 낮에 시켜 보면 2시간이 걸릴 때도 있었어요. 잠들기 전과 깨어난 직후의 집중적인 공부가 낮 동안의 공부보다 몇 배는 효율적이라는 사실을 이 공부법을 통해서 알게 되었습니다. 특히 이 방법은 시험을 치를 때 큰 도움이 되었습니다.

여러 단계에 걸친 공부 방법과 어렸을 때부터 쌓은 내공의 힘은 컸습니다. 지원이가 다닌 중학교가 당시에 개교 12년차였는데, 선생님들은 개교 이래 3년 동안 내내 전교 1등을 한 아이는 지원이가 처음이라며 칭찬했습니다.

책상에 앉아서 휴대폰을 보는 아이, 어떻게 할까?

　주위 엄마들과 이야기를 하면서 느낀 점이 있습니다. 엄마들은 아이의 학습 관리를 위해서는 엄마가 고학력이어야 한다는 편견을 가지고 있습니다. 사실 지원이가 했던 9단계 공부법은 엄마의 지식이 많고 적음을 떠나서 누구나 할 수 있다고 생각합니다. 엄마가 아이와 함께하는 것이 중요해요.

　그리고 아이가 중학생이 되었다고 해서 중학교에서 가르치는 모든 지식을 엄마가 다 알 필요도 없다고 생각합니다. 일정한 방법으로 관리를 해 주고 학습 방향을 제대로 잡아 주기만 하면 됩니다. 엄마가 잘 몰라서, 시간이 없어서 아이의 학습 관리를 못해 주고, 그래서 무작정 아이를 학원으로 돌리기만 하면 학원이 주는 것을 제대로 받아먹지 못했을 때 다른 아이들의 들러리가 될 뿐입니다.

　내가 지원이에게 일방적으로 시키기만 한 것은 아닙니다. 이야기를 나누면서 아이와 충분히 상의했고, 나 역시 힘든 길을 같이 간다는 생각으로 아이와 동행했습니다. 그것이 가장 중요했다고 봅니다.

　대화가 중요합니다. 그리고 아이가 엄마를 자기편으로 느낄 수 있도록 하고, 또 아이가 나 혼자만 이 힘든 길을 가고 있는 것이 아니라는 점을 일깨워 주어야 합니다. 왜 공부를 잘해야 하는지 동기를 부여하고, 공부를 잘했을 때 일어날 일들에 대해서 아이와 함께 이야기해 보세요. 그러면 아이도 공부를 하기 싫고 귀찮은 것으로만 여기지 않고, 힘들지만 반드시 통과해야 할 관문으로 생각할 거예요. 아이는 엄마 하기 나름이라는 것이 경험을 통해 얻은 깨달음입니다.

지역균형선발전형을 택하다

주위에 민사고를 준비하는 아이들이 있었는데 지원이도 중학교 때부터 민사고를 가고 싶어 했습니다. 커서 어떤 직업을 갖고 싶으냐고 물었더니, 처음에는 변호사가 되고 싶다고 하다가 나중에는 중국 전문 외교관이 되겠다고 했습니다. 그래서 지원이에게 고위 공무원이 되려면 서울대학교에 들어가는 것이 좋고 서울대학교에 가기 좋은 전형으로 지균형이 있다고 설명해 주었어요. 그리고 괜히 민사고 가서 고생하지 말고 차라리 일반 고등학교에 가서 전교 1등을 하고 지균형을 받아서 서울대학교에 들어가는 게 더 쉬울 수 있다고 말해 주었습니다. 지원이도 내 말에 동의했고, 그래서 가게 된 고등학교가 대성고등학교였습니다.

대성고등학교는 지방의 사립 학교인데, 학생들을 서울에 있는 좋은 대학교에 보내기 위해 많은 노력을 기울였습니다. 그래서인지 학업 분위기가 좋고 그 지역에서는 시험이 어려운 편에 속했습니다.

내신 시험이 어렵다는 사실은 수능의 최저 학력 기준*에 맞출 수 있도록 학업 능력을 키워 주기 때문에 장점이라고 생각했습니다.

고등학교에 입학하기 전 겨울 방학에 나는 지원이에게 1학년 때부터 무조건 전교 1등을 해야 한다고 강조했습니다. 처음부터 전교 1등이라는 점을 인식시켜야 지균형으로 서울대를 공략할 수 있다고 생각했기 때문입니다. 다행히 고1 첫 시험부터 전교 1등을 했고 그 덕분인지 선생님들이 지원이의 대입에 관심을 가져 주었습니다. 하지만 그게 지나쳤던지 지원이는 선생님들의 관심을 힘들어했고, 진로 상담할 때 담임 선생님에게 엄마인 나를 불러 달라고 부탁했습니다. 그래서 대입 원서를 쓸 때까지의 모든 상담에 아이와 내가 함께 했습니다.

내신과 모의고사 성적 모두 1등급을 유지하다가 고등학교 3학년 6월 모의고사에서 한 과목이 2등급 나오더니 9월 모의고사에서는 두 과목이 2등급이 나왔습니다. 다행히 수능 때 한 과목만 2등급이고 모두 1등급이었지만 학교에서는 지원이의 6월과 9월 모의고사 성적 때문에 지균형에서 불합격할까 봐 불안해했습니다. 그래서 지원이가 정신적으로 흔들리지 않도록 학교에서 상담을 할 때도 아이가 수능 최저를 맞출 수 있으니 걱정하는 티를 내지 말아 달라고 부탁했습니다.

집에서 공부하는 아이

고등학교 2학년 가을에 KBS가 '역사 통일 골든벨'을 1박 2일 동안 진행하면서 전국에서 학생을 추천받았는데, 지원이도 참가하게 되었습니다. 임진각에서 프로그램이 진행되기를 기다리고 있는데 어떤 엄마가 다가와서 인사를 했습니다. 지원이의 대성고 후배 엄마였어요. 그 엄마의 아들이 말하기를 "지원 선배는 엄마하고 집에서 공부하는데도 전교 1등을 놓치지 않는대"라며 비법을 꼭 알아봐 달라고 했다는 거예요. 학교에서 우수한 아이들을 대상으로 학사반(기숙사반)을 운영하는데, 지원이도 학사반에 선발되었습니다. 하지만 집에서 나와 하던 대로 공부하는 게 좋을 것 같아서 보내지 않았습니다. 지원이도 집에서 공부하기를 원했어요. 교장 선생님은 고등학교는 중학교와 다르기 때문에 학사반에 보내라고 설득했지만, 집에서 공부하는 것을 고수했습니다.

다른 과목과는 달리 수학만큼은 고등학교 2학년 때까지 학원에 다니다가 3학년 때 혼자 마무리했습니다. 지원이가 집에서 공부하며 좋은 성적을 올릴 수 있었던 비결은 어릴 때부터 각종 경시대회에 참가하면서 목표를 가지고 집중하는 가운데 공부하는 습관이 잘 들었기 때문이라고 생각합니다.

또 한 가지 지원이의 공부에 도움이 된 요소가 있다면, 친구들의 질문에 답하면서 자신이 무엇을 모르는지도 알게 되고 알고 있는 것은 더 정확하게 알게 되었다는 것입니다. 평소에 아이들은 모르는 문제가 있으면 지원이에게 묻고는 했는데, "다음 질문은 나야"라고 할 정도였어요. 만약에 지원이도 잘 모르는 내용이 있으면 교무실에 가서 선생님에게 물어보고 이해해서 질문한 친구에게 알려 주었다고 합니다. 이런 과정이 지원이의 공부에 도움이 되었다고 봅니다. 친구들의 질문을 통해 자신이 아는 것과 모르는 것을 깨닫게 된 것이지요.

지원이가 고등학교 생활을 비교적 순탄하게 보낼 수 있었던 이유가 친구들에게 도움 주는 것을 아까워하지 않았기 때문이라고도 생각합니다. 지원이도 친구들에게 도움을 주면서 공부한 내용을 더 잘 깨우쳤으니, 일석이조였던 거죠.

지원이의 비교과 활동

대입과 관련한 책을 보니 봉사 활동을 강조하는 내용이 많았습니다. 그런데 고등학생 때만 반짝 봉사 활동을 하면 대입을 위해서 한 것으로 티가 나기 때문에 지원이가 어릴 때부터 꾸준히 봉사 활동에 참여하도록 했습니다.

초등학교 6학년 때부터 사회복지관에서 저소득층 아이들을 대상으로 영어 원서로 학습 봉사를 시작했습니다. 지원이도 보람을 느꼈기 때문에 중학생 때는 더욱 열심히 했습니다. 지원이의 활동이 엄마들 사이에 소문이 나서 다른 아이들도 봉사하겠다고 모여들었어요. 지원이가 중학교 3학년 때는 고등학교 1학년 선배가 같이 활동을 하자고 해서 둘이 팀을 이루어 봉사했습니다.

사회복지관에서 식사를 하는 어르신이 많았습니다. 인원이 너무 많아서 자원봉사의 손길이 부족할 정도였어요. 그래서 지원이는 영어 학습 봉사가 끝나면 식당으로 가서 설거지까지 했습니다. 이런 활동을 중학교 1학년 때부터 고등학교 1학년까지 꾸준히 했습니다.

역사 통일 골든벨을 준비할 때는 역사 동아리 활동에 주력했습니다. 역사 관련 보고서를 작성해서 상을 받기도 하고, 교내 경시대회에 나가 좋은 성적을 올리기도 했습니다.

자기소개서 쓰는 법에 관한 어떤 책에는 앞에 나서는 것도 좋지만 뒷받침해 주는 역할을 맡은 일에 대해서 쓰는 것도 좋다고 했습니다. 실제로 지원이도 무슨 일을 하더라도 티 나지 않게 하는 스타일이라 잘 맞는 것 같아 자기소개서 쓸 때 부회장을 하며 회장을 도와 동아리 활동을 했던 내용을 쓰라고 조언을 해주기도 했습니다.

교내에서 할 수 있는 활동과 교내 대회는 문·이과를 가리지 않고 무조건 참여했습니다. 특히 여학생들이 힘들어하는 이과 관련 활동은 지원이가 어릴 때 했던 과학실험 경험들이 도움되었습니다. 육아서에서 여자 아이들이 과학 실험을 경험하면 좋다고 해서 알아보았지만, 시골이라 마땅한 학원이나 기관이 없었습니다. 그런데 운 좋게도 4명을 구성해 오면 과학 교실을 운영하겠다는 선생님이 있어서 주위 아이들을 모아 과학 실험을 해볼 수 있었습니다. 그때의 경험 덕분인지 과학에 거부감이 없어 고등학교 때 내신 점수도 잘 나오고 과학 관련 비교과 활동도 활발하게 참여할 수 있었습니다. 그리고 2학년 때까지는 회장을 하지 않다가 선생님의 조언으로 학생회 활동을 하며 리더십을 쌓기도 했습니다.

지원이는 자소서에 쓸 이야기가 많았습니다. 여러 가지 공부 방법에 대해서 주로 썼고, 면접 때에도 그에 대한 이야기를 주고받았다고 합니다. 아주 편안한 분위기에서 면접을 봐서 다른 아이들에 비해 너무 수월하게 끝난 것 같아서 오히려 걱정이 되었습니다. 합격자 발표를 앞둔 일주일은 참으로 힘들었습니다. 그 사이에 고려대학교에 합격해서 한숨 놓기는 했지만요. 결과는 합격이었습니다. 노심초사했는데, 장학금을 받고 입학하게 된 것이었어요. 얼마나 기뻤는지 모릅니다.

지나간 일들이 한꺼번에 머리를 스치고 지나갔습니다. 힘든 여정을 견뎌 준 지원이가 고마웠습니다. 그리고 그 길을 함께 걸었던 나에게도 고생했다고 격려해 주었습니다.

지원이는 이제 막 하나의 관문을 지났을 뿐입니다. 앞으로 살아

가면서 수많은 관문을 통과해야 합니다. 하지만 지난 시간 동안의 힘든 과정을 견디었으니, 앞으로도 잘해 내리라 믿습니다. 지원아, 많이많이 사랑한다. 잘 따라와 줘서 고마웠다. 이제부터는 우리 딸이 인생 운전을 해서 원하는 꿈을 이루렴.

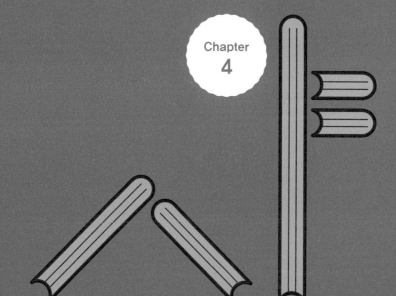

Chapter
4

시험 못 봐도 괜찮아.

엄마는 네가 있어서

행복해

학부모 유지희(가명)

학생 김이한(가명) 서울대학교 공과대학, 서초구 일반고, 지역균형선발전형

육아는 부부 공동의 몫이라고 생각해서 남편과 함께 엄마가 둘인 것처럼 아이를 키웠습니다. 남편은 시간 관리가 철저한 사람이어서 아이가 시험 보기 전에 아이와 함께 시간표를 짜고 나는 일상적인 생활 관리를 맡았습니다. 학원에서 아이를 픽업할 때도 남편이 동행했는데, 이런 부분은 남편과 나의 교육 철학이 잘 맞아서 가능했습니다. 아이 입시가 끝났을 때 남편이 제일 먼저 한 말이 "이젠 드디어 마음대로 약속을 잡아도 되겠네"였어요 그만큼 아이 양육을 함께했습니다.

아이가 어렸을 때부터 남편과 서로 시간을 조절해서 아이가 학교에서 돌아와 학원에 가기 전까지는 둘 중 한 사람이라도 집에서 아이를 맞이하고 간식을 챙겨 주었습니다. 둘 다 학교에서 근무했기 때문에 그게 가능했지만, 매일 그렇게 한다는 것이 쉽지 않은 일이었습니다.

공부 잘하는 아이보다는 정신이 건강한 아이로 키우고 싶었습니다. 그리고 남을 배려하고 사회에 기여하는 사람이 되기를 바랐습니다. 그래서 예절 교육에 힘썼는데, 그런 면에서는 아이가 어렸을 때부터 아주 발랐습니다. 가끔 아이를 보며 남편과 이런 말을 주고받습니다. "우리보다 인성이 더 낫지?" 우리 부부의 뜻대로 건강하고 바르게 잘 자라 주어서 아이에게 감사할 때가 많았습니다.

아이 교육에 대한 부부의 동일한 교육 철학

남편과 함께 학위 과정 공부를 하는 중에 이한이를 낳았습니다. 둘 다 바빴고 아이 키우는 데 도움을 구할 사람이 없어서 이때부터 우리 부부는 함께 아이를 키웠습니다. 사실 이한이를 갖기 전에 계획을 철저히 세웠습니다. 둘 다 어느 정도 시간을 조절할 수 있을 때 아이를 낳기로 했던 것이었어요.

그렇게 계획하여 낳은 만큼 남편과 함께 아이를 키웠습니다. 그래서인지 아이가 다른 사람의 손길을 불편해했습니다. 그래서 이한이가 초등학교 입학해서 첫 1개월 동안 10시에 하교할 때만 잠시 다른 사람에게 도움을 받았을 뿐 특별히 남의 손을 빌리지 않았습니다. 항상 부부가 번갈아 가며 아이를 돌볼 수 있도록 노력했습니다.

갓난아기일 때부터 이한이는 매우 유순해서 키우는 데 큰 어려움은 없었습니다. 당시 엄마들이 교과서처럼 보는 유명한 육아 책 한 권 말고는 크게 다른 책에 의존한 기억은 없습니다.

아이 교육에 뚜렷한 목표는 없었지만, 예의 바르고 다른 사람에게 폐를 끼치지 않는 아이로 자라고, 나중에 세상에 기여할 수 있는 사람이 되기를 바랐습니다. 그래서 아이가 어렸을 때부터 공부해서 성공하면 그것은 자신만의 능력으로 된 것이 아니라 주위 사람들로부터 도움을 받아서 그렇게 된 것이라면서, 사회와 세상에 기여하는 사람이 되어야 한다는 말을 자주 들려주었습니다. 그리고 혹시 아이가 사람이 많은 곳에서 큰소리를 내거나 함부로 돌아다니면 한쪽으로 데리고 가 조용히 타이르고는 했습니다.

남편과 나의 교육 덕분인지 이한이는 착하고 바른 아이로 자랐습니다. 내가 주위 사람을 비판하거나 이한이 친구의 단점을 말하면 오히려 이한이가 "엄마, 그렇게 말하지 마. 그런 면만 있는 아이는 아니야"라며 친구를 두둔했고, 부모인 우리 앞에서조차 다른 누군가를 험담한 적이 없습니다. 우리 부부는 이한이가 어른인 우리보다 훨씬 훌륭한 것 같다는 이야기를 자주 주고받았습니다. 지금도 주변으로부터 좋은 성품을 가졌다는 평가를 받습니다.

아이들은 여러 가지 능력을 가지고 태어나고 연령대에 맞추어 능력을 발휘한다고 생각합니다. 우리 부부는 아이가 타고난 능력 스펙트럼을 그때그때 잘 발휘할 수 있도록 좋은 교육 환경을 만들어 주려고 노력했습니다. 사실 유학 시절에는 공부를 하면서 아이를 키워야 했기에 많은 것을 해 줄 수 없었습니다. 하지만 2시간마다 젖을 먹여야 하는 아주 어린 시기를 빼고는 하루도 빠지지 않고 책을 읽어 주었습니다. 남편과 교대로 아이를 돌보면서도 책을 읽어 주는 일은 일종의 룰처럼 지켰습니다.

부모와의 정서적 교감을 형성하기 위한
유아기의 독서 교육

아이가 스스로 책을 읽는 것도 좋지만, 부모가 책을 읽어 주면 이해력이 훨씬 넓고 풍부해진다는 이야기를 어느 책에선가 읽은 적이 있습니다. 그래서 아이가 알아듣든 알아듣지 못하든 생후 3~4개월부터 책을 읽어 주기 시작했고, 이러한 일은 아이가 초등학생 6학년이 될 때까지 이어졌습니다.

아이가 혼자 책을 읽을 수 있게 된 이후에도 책을 읽어 주었고, 아이 역시 우리가 책을 읽어 주는 것을 아주 좋아했습니다. 한번은 "책 읽어 줘" 하기에 "어떤 책 읽어 줄까? 네가 가져와"라고 말했더니 10권 정도를 가지고 온 거예요. 그래서 너무 많으니 그중에서 고르라고 할 때도 있었습니다.

아이가 혼자서 책을 읽을 수 있는데도 책 읽어 주는 시간을 자주 가진 것은 아이의 독서 습관을 기르는 데 도움이 되기도 하고, 또 아이와 정서적 유대를 쌓기에 좋다고 생각했기 때문입니다. 아마도 이한이는 책 읽는 것도 좋아했지만, 부모와 함께 보내는 그 시간을 즐겼던 것 같습니다.

이한이가 좋아했던 책은 프뢰벨 동화 전집이었습니다. 지금도 버리지 않고 집에 보관하고 있는데, 내용뿐만 아니라 여러 가지 면에서 좋아 많은 도움이 되었어요.

아이에게 책을 읽어줄 때 특별히 분야를 정한 것은 아니었습니다. 주로 동화책을 읽었어요. 나와 남편이 모두 문과여서 자연스럽게 우리가 관심을 갖고 있는 분야의 책을 고르기도 했지만, 독서는 즐거워야 했기에 아이가 좋아하는 책을 읽히고 또 읽어 주었습니다.

아이에게 책을 읽어 줄 때 영어책과 그림책을 함께 보았는데, B는 boy, C는 cat을 나타내는 수준이었습니다. 이한이가 언어에 대한 감각이 있었던 같아요. 2살 정도 되었을 때 냉장고에 붙여 놓은 알파벳 자석을 구별하기 시작했거든요. 남편과 함께 "A 가져와 봐"라고 말하면 기저귀를 찬 채 가서는 A를 가져왔습니다. 그 모습을 보고 모든 부모들이 비슷하듯이 남편과 함께 "우리 아이 천재 아냐?"라며 웃기도 했습니다.

한글은 책을 읽으며 자연스럽게 접하도록 하면서 카드와 브로마이드 등을 활용했습니다. 그러던 중 여느 아이들처럼 길을 가다가 간판의 글자를 보고 "바다"라고 말할 정도가 되었을 때 본격적으로 한글 교육을 시작했습니다.

이한이 키울 때 영어 유치원에 보내는 것이 유행이었는데, 우리는 영어 유치원에 보내지 않았습니다. 일찍부터 공부한다는 느낌을 주어서 스트레스를 받게 하고 싶지 않았거든요. 그래서 집에서 놀이하는 것 외에는 어린이집과 동네 유치원에서 배운 것이 전부였습니다.

책이 아이에게 미치는 영향

남편은 역사에 관심이 많습니다. 아이가 자란 뒤에는 역사책을 많이 읽히고 아이와 대화를 많이 나누었습니다. 당시에는 사회의 소수자 문제를 다루는 책이 많지 않아서 사회적으로 이슈가 되면 그 문제에 대해서 이야기를 나누고, 같이 뉴스를 보다가 관련 소식이 나오면 약자에 대한 배려라든가 인종 차별 문제를 놓고도 대화를 나누었습니다. 반드시 책이 아니라도 아이가 올바른 의식을 갖출 수 있도록 다양한 주제를 다루었습니다. 아이가 자라서 성문제에 대해서 어느 정도 알게 된 중학생 때는 성 소수자에 대해서도 이야기했습니다. 특히 조심한 것은 아이는 부모를 보면서 배우고 자라기 때문에 우리 부부가 바른 모습을 보여 주려고 노력한 부분입니다.

이한이가 초등학교 1~2학년 때 보리출판사에서 나온 과학 관련 전집을 읽게 한 적이 있습니다. 그런데 이때 읽은 책이 나중에 공대로 진학하는 데 큰 영향을 주었다고 합니다. 사실 남편과 내가 모두 문과였고 이한이도 역시 문과 성향이 강해서 공학도가 되리라고는 생각지 못했습니다. 그만큼 책이 아이에게 미치는 영향이 크다는 사실을 알았습니다.

이렇듯 우리 부부가 이한이를 키우면서 가장 신경 쓴 부분이 독서였습니다. 어릴 때부터 책 읽기는 즐거운 일이라는 인식을 심어 주고 독서가 생활의 습관이 되도록 집안 분위기를 조성하기 위해 노

아이들이 책을 많이 읽어야 할 이유는 분명합니다.
모든 정보와 지식은 문장으로 정리되어 있어서
책을 많이 읽으면 그만큼
문장 이해도가 높아지기 때문입니다.

력했습니다. 중학생이 되고 난 후에는 독서에 시간을 할애하기 힘들었지만, 초등학교 6학년까지 많은 책을 읽으며 교양과 지식을 쌓았습니다. 아이를 교육하는 데 있어 가장 중요한 시기가 초등학생 때이지 않나 생각합니다.

중학교 다니면서는 영어로 된 미스터리 소설을 좋아해서 많이 읽었고, 국어 학원에서 읽으라고 권하는 문학 작품과 학습에 도움이 되는 책을 많이 읽었습니다.

아이의 공부 습관, 어떻게 만들어 줄까?

아이가 학교에 들어가고 나면 독서 습관만큼 중요한 것이 공부 습관입니다. 공부 습관은 초등 저학년 때 잡아 주지 않으면 학년이 올라가면서 친구 관계가 깊어지고 관심사가 넓어져서 마음을 빼앗기는 일이 많아지기 때문에 고치기 점점 힘들어집니다. 이한이는 초등학교 1학년부터 6학년까지 특별한 일이 없는 한 하루도 빼먹지 않고 구몬 수학 학습지를 했습니다. 영어는 학습지로 충분하지 않고 자칫 기초를 잘못 쌓을 수 있다고 우려되어서 시키지 않았습니다. 대신 영어 원서를 꾸준히 같이 읽었습니다.

주위 학부모들을 보면 학습지를 우습게 여기는 경향이 있는 것 같습니다. 하루의 공부 분량이 얼마 되지도 않는 학습지로 무엇을 할 수 있느냐며 빨리 다른 방법을 찾으라고 조언하는 분들이 많았어요. 하지만 나는 매일매일 하는 학습지의 위력이 매우 크다고 생각했습니다. 지금도 우리 부부는 아이의 공부 습관을 잡는 데 학습지가 큰 역할을 했고, 수학을 잘하게 된 근본적인 힘도 학습지를 오랫동안 했기 때문이라고 생각하고 있습니다.

학습지는 아이의 학습에도 도움이 되지만, 성취감을 갖도록 해 주는 역할을 하기도 합니다. 무엇보다도 학습지는 처음 시작할 때 쉽게 접근할 수 있다는 장점이 있습니다. 그리고 매일 밥그릇을 비우는 것처럼 아이가 자신의 몫을 해냈다는 성취감을 느끼게 해 주고 싶었는데, 이런 훈련을 하기에 학습지만큼 적절한 것도 없습니다. 또 내가 한 번 무언가를 시작하면 크게 문제가 없는 한 계속 하는 스타일이라서 학습지를 오래 시켰던 것 같습니다.

학습지로 공부할 때는 매일 꾸준히 주어진 분량을 하도록 유도하는 것이 중요합니다. 3일만 밀려도 공부해야 할 분량이 많아져서 아이들이 힘들어합니다. 그렇게 점점 쌓이면 결국 질려 버리고 말죠. 학습지를 그만두는 많은 경우가 바로 이 때문입니다. 이한이의 학습지가 밀리지 않도록 매일매일 체크해 주었습니다. 하지만 그럴 만한 사정이 있거나 가족이 여행을 가서 어쩔 수 없는 날은 아예 그날 분량을 빼 버렸습니다. 그렇게 아이가 공부할 양을 조절해 주었습니다.

초등 저학년 때는 공부에 대한 압박을 주지 않기 위해 학습지 외에 학습과 관련한 다른 학원에는 보내지 않았습니다. 다만 아이가 다양한 경험을 쌓도록 하기 위해 피아노와 검도, 미술 학원 등은 번갈아 보냈습니다. 그래서 다른 아이들에 비해 시간이 많았고, 그래서인지 학습지 하는 것도 부담스러워하지 않았습니다.

어린 아이를 책상에 대여섯 시간씩 앉혀 놓고 공부를 시키는 것은 일종의 아동 학대라는 생각이 들었습니다. 아이의 휴식과 마음의 여유를 중요하게 생각해서 공부를 할 때도 50분 공부하면 10분은 쉬게 했습니다. 이한이는 고등학생 일 때도 "엄마, 10분 맞춰 줘"라고 쉬다가 다시 공부하고는 했습니다.

중·고등학생 때는 학원에 가 있는 시간 외에는 집에서 공부했습니다. 거실이 우리 집의 서재이자 공부방이었는데, 아이가 공부할 때는 남편과 나도 같이 공부를 하거나 일을 했습니다. 방은 잠을 자는 공간으로 역할 분리를 확실하게 했습니다. TV는 안방에 두었는데, TV 볼 때는 다 같이 보았습니다.

이런 생활은 아이가 고등학교 졸업할 때까지 이어졌습니다. 아이가 공부하는데 우리 부부가 안방에 누워 있거나 TV를 보는 일은 많지 않았습니다. 몸이 안 좋거나 너무 피곤할 때만 아이에게 양해를 구하고 안방에서 쉬었습니다. 솔직히 이한이가 공부를 마치는 밤 12시 30분까지 이 룰을 지킨다는 것이 그리 쉽지는 않았습니다.

공부는 지치지 않을 정도로 적당히

아이가 초등학교 3학년 때 미국에서 1년 동안 지낼 기회가 생겼습니다. 물론 이한이도 나를 따라 미국으로 향했고, 1년 동안 미국에서 학교를 다녔습니다. 그리고 그때 수학 학습지 1년 치를 가지고 가서 미국에서도 꾸준히 할 수 있게 했습니다.

아이가 말하기를, 미국에서 보낸 1년이 자기 인생의 흑역사라고 했어요. 그때 영어를 제대로 못해서 부끄러웠던 경험을 생각하면 지금도 얼굴이 달아오르고 이불킥을 하게 된다고 하더라구요.

사실 미국에서 1년 동안 지내면서 이한이가 영어를 제대로 익힌 것은 아닙니다. 그보다는 영어에 노출되어 있는 환경 속에 있었다는 사실이 중요했습니다. 나중에 영어를 본격적으로 공부할 때 영어를 친숙하게 받아들일 수 있었으니까요.

미국에서도 한국 학교의 교과 진도를 놓치지 않기 위해 국어, 사회, 과학 과목을 EBS 인터넷 강의를 통해 공부했습니다. 미리 들어

놓으면 한국에 가서도 어렵지 않게 따라갈 것이라는 생각이었는데, 이한이가 재미없어 해서 몇 번을 설득해야 했습니다.

이한이의 영어 실력이 많이 는 것은 청담어학원에 다니면서부터였습니다. 4학년 때부터 한국에 돌아와서 일주일에 두 번씩 갔는데, 아이가 만족스러워했고 나도 만족스러웠습니다. 입시 영어를 공부하는 것이 아니라서 문법은 하지 않았고, 3시간 동안 듣기와 읽기, 쓰기를 했는데 단어를 많이 외우게 하지 않는 공부 방법이 마음에 들었습니다. 6학년 때 근처에 시스템이 매우 좋은 학원이 생겼다고 해서 옮겼지만, 아이가 자신과 잘 맞지 않는다고 해서 다시 청담어학원으로 가서 중학교 1학년까지 다녔습니다.

수학은 초등학교 3학년까지는 학원에 보내지 않고 남편과 내가 번갈아 가며 같이 문제를 풀면서 아이 공부를 도와주었습니다. 주로 전과나 시중에 판매하는 8절지 문제집을 풀었는데, 그렇게 하는 것만으로도 상위권을 유지하며 꾸준히 공부를 잘했습니다. 그러다가 초등학교 4학년부터는 수학 난도가 높아져서 우리 부부가 봐 주는 데 한계가 있었습니다. 그래서 동네의 나이 지긋하신 분을 과외 선생님으로 모셔서 일주일에 두 번 도움을 받았습니다.

아이가 공부를 잘하자, 담임 선생님 추천으로 과학 영재로 선발되어 초등학교 5학년 때 서울 남부교육청 영재원에 다니게 되었습니다. 하지만 과학 학원에 다닌 적이 없고 선행을 하지 않아서인지 아이가 좋아하지 않아서 1년 다니다가 그만두었습니다. 이한이 말로

는 아이가 기대했던 과학 수업이 아니었고, 거기 다니는 아이들한테
도 정이 가지 않았다고 하더군요. 내가 생각하기에는 영재원 다니는
아이들은 선행이 워낙 잘되어 있어서 난도 높은 문제를 잘 풀고 적
응도 잘한 데 비해 우리 아이는 상대적으로 잘 따라가지 못해 공부
가 즐겁지 않고 적응도 못했던 것 같습니다.

당시에 아이 친구들 중에는 하루 6~7시간씩 수학과 과학 선
행 공부를 하는 아이들이 적지 않았는데, 나는 그렇게까지 하고 싶
지 않았습니다. 수학은 하루에 3시간 정도 공부하면 충분하다고 생
각했습니다. 수학·과학 올림피아드나 영재학교 준비하는 학원에도
보내지 않았습니다. 하지만 이한이가 문과와 이과 성향을 골고루
가지고 있어서 문과에 가더라도 수학을 잘하면 좋겠다는 생각은 했
습니다.

인생에 불필요한 경험은 없다

이한이는 또래의 남자 아이들과는 달리 온라인 게임을 좋아하지
않아서 게임으로 인한 갈등은 겪지 않았습니다. 아이가 운동을 좋아
해서 온라인 게임에 마음을 빼앗기지 않았던 것 같습니다.

이한이는 초등 저학년일 때 축구 클럽에 다니기도 하고 검도를
좋아해서 꾸준히 했습니다. 초등 고학년일 때는『슬램덩크』라는 만

화를 보고 농구를 시작했는데, 농구의 매력에 빠져서 중학교 3년 내내 학교 주전 선수를 할 정도로 잘했고 좋아했습니다. 온라인 게임은 시시하다며 재미없어 했습니다.

자신이 해야 할 숙제나 공부는 알아서 잘하는 편이었지만, 그래도 아이이기 때문에 매일 "숙제나 공부는 다 했니?"라고 확인해야 했습니다. 때로는 공부를 하기 싫어할 때도 있었는데, 그럴 때면 왜 공부를 해야 하는지 이유를 말해 주고, 부모가 살림을 끌어가기 위해 일을 하듯 학생은 공부를 함으로써 의무를 다해야 한다는 등의 이야기를 나누었습니다. 특히 남편이 이성적이고 논리적이어서 아이의 공부와 삶에 관한 대화를 많이 나누었는데, 부모의 말을 아이가 훈계로 받아들이거나 부모와 이야기하는 시간을 싫어하지 않도록 신경을 많이 썼습니다. 이한이 역시 초등학교 3학년 때 처음 시험을 치르고 잘한다는 평가를 받은 뒤로는 주위의 기대를 무시할 수 없어 공부 잘하고 인정받는 아이로 자신을 자리매김하기 위해 많이 노력했습니다.

초등학생 때까지는 선행을 시키지 않다가 중학교 때부터 학원에 보내며 본격적으로 국영수 학습을 시켰습니다. 학원을 선택할 때는 아이들 학습의 질을 잘 관리해 주는 곳을 최우선으로 살폈습니다. 초등학생 때부터 다녔던 청담어학원은 내신을 관리해 주는 곳이 아닙니다. 그래서 중학교 1학년 2학기부터는 내신을 관리하기 위해 문법을 중심으로 원장이 직접 강의를 하는 동네의 작은 영어 학원에 다니기 시작했습니다. 국어는 내신 관리 목적이 아니라 수능에서 장문의 글을 어떻게 해석하고 논리적으로 이해할지를 학습하는 스카이파레토라는 동네 학원에 일주일에 한 번씩 중학교 3학년 때까지 다녔습니다. 당시 주위의 엄마들은 아이가 초등학교 6학년이 되면 대치동 학원에 보냈는데, 직장 때문에 데리고 올 수가 없어서 그냥 동네 학원에 보냈습니다.

수학은 초등학생 때부터 과외 선생님에게 배웠는데, 1학기 정도를 선행하고 내신 관리를 중심에 두었습니다.

사실 우리나라 교육 구조상 수학은 선행을 시키지 않을 수가 없습니다. 미리 수학 선행을 해 놓지 않으면 수학 공부하는 데 시간을 다 빼앗겨서 다른 과목 공부할 시간이 없기 때문입니다. 마침 이한이의 친한 친구 엄마가 같이 선행 과외를 시키자고 해서 중학교 3학년 때 고등학교 2학년 1학기 정도까지 끝냈습니다.

나중이 되어서야 수학 선행을 좀 더 일찍 시켰어야 하지 않았나 하는 생각이 들었습니다. 왜냐하면 고등학교 3학년 2학기 때 수능 준비하던 막바지에 아이가 수학에 투자하는 시간을 계산해 봤더니 일주일에 40시간 정도로 너무 많았기 때문입니다. 선행을 어느 정도 시켜 놓았는데도 수능 준비하면서 또 엄청나게 공부해야 하는 걸 보면서 만약 선행마저 안 했다면 아이가 더 고생했을 거라는 생각이 들었습니다.

아이를 영재학교에 보낼 생각은 안 했습니다. 이런 학교를 준비

선행 학습을 하는 이유는 학습량이 늘어나는
고학년 시기에 좀 더 여유롭게 공부를 하기 위해서입니다.
선행을 하지 않으면 진도를 따라가는 데 급급해서
심화 학습을 할 수가 없습니다. 어느 정도를 선행할지는
아이의 성향에 따라 다르기 때문에
기준이 명확하지는 않습니다.

하는 아이들은 초등학생 고학년 때부터 하루 종일 수학과 과학 공부에 매달려야 하는데 남편과 나는 그렇게까지 공부를 시키고 싶지는 않았습니다. 그래서 크게 무리하지 않는 선에서 국어·영어·수학 학원을 다니게 하고 아이가 좋아하는 농구를 마음껏 하면서 즐겁고 재미있게 중학교 생활을 보내게 했습니다.

다른 아이들처럼 쥐어짜듯 학원에 보내지 않아서 혼자서 공부할 시간이 충분했습니다. 공부 습관이 잘 들어 있던 이한이는 학원에 많이 다니지 않고도 성적이 잘 나왔고, 사춘기도 무난히 넘길 수 있었습니다.

아이가 꾸준히 공부를 잘했는데, 중학교 3학년 때 올백을 맞은 뒤로 주위 사람들로부터 아이를 어느 학교에 보낼 거냐는 질문을 많이 받았습니다. 그 전까지는 특목고에 지원할 생각이 전혀 없었습니

다. 그런데 주변에서 하도 특목고나 자사고에 지원해 보라고 해서 한번 해 볼까 하는 생각을 가졌지만, 그동안 준비를 너무 안 한 탓에 학생부가 너무 깨끗했습니다. 그래도 하나고가 좋다기에 지원해 보았습니다. 당연히 떨어졌습니다. 그래도 소득이 있었어요. 아이가 공부하는 것보다 자기소개서 쓰는 것을 더 힘들어했는데. 그때는 몰랐지만 대입을 미리 한 번 경험해 본 것이었어요.

그리고 자기소개서를 쓰면서 아이와 많은 이야기를 나누었습니다. 이한이는 그때 처음으로 자신이 무엇을 좋아하고 어떤 진로를 택할지 진지하게 생각하기 시작했습니다. 어렸을 때 읽은 환경에 관한 책들이 자신에게 많은 영향을 미쳤다는 사실을 알아냈고, 그 과정에서 지구의 환경에 대한 관심이 많다는 사실 또한 깨달았습니다. 그때 환경 관련 학과에 지원하겠다고 아이가 마음을 먹었던 같습니다.

고등학교 선택과 대입 준비

이한이는 특별하게 좋아하거나 싫어하는 과목이 없었고, 문·이과 성향을 두루 가지고 있었습니다. 그래서 문과와 이과 가운데 어떤 걸 선택할까 고민하다가 수학을 잘하고 환경과 관련된 공부를 하고 싶어 해서 이과를 택하기로 결정했습니다. 여러 고등학교를 알아

본 결과, 과학 중점 학교로 학습 분위기
가 좋고 프로그램도 잘 갖추어져 있는
집 근처 일반 고등학교를 선택했습니다.
입학할 때 이한이가 남학생 대표로 신입

* Research and Education, 특정한 주제를 연구해서 소논문 형태로 발표하는 교육 과정

생 선서를 했는데 그 후로 그만큼 잘해야 한다는 생각을 계속 가지
고 있었던 것 같아요.

고등학교 들어가기 전에 진로를 정했기 때문에 고등학교 1학년
때부터 전공 적합성에 맞추어서 비교과 활동을 했습니다. 예를 들어
영어 말하기 대회나 R&E* 등에 참여할 때도 관심 있어 하는 환경이
나 기후 등의 주제를 다루었습니다. 문과와 이과를 따지지 않고 모의
UN 같은 융합형 활동에도 열심히 참여했는데, 교내 활동은 거의 다
참여한 반면 교외 활동은 전혀 참여하지 않았습니다.

고등학교 진학한 뒤에도 중학생 때부터 다니던 동네의 작은 영
어 학원에 계속 다녔습니다. 그 학원은 스파르타식 교육으로 유명해
서 엄마들 사이에는 아이가 버텨 내기만 하면 그 학원을 통해 좋은
결과를 얻을 수 있다는 인식이 퍼져 있었습니다. 하지만 수능 영어
가 절대 평가로 바뀌면서 그 학원은 고등학생반을 없앴고 이후로는
꾸준히 다니는 학원 없이 혼자서 공부했습니다. 그러다가 학교의 시
험 준비를 위해 한시적으로 학원을 다니고는 했습니다. 하지만 중학
교 때까지 꾸준히 했던 영어 문법 공부만으로도 고등학생 때에도 좋
은 성적을 유지했습니다.

수학은 중3 겨울 방학 때 처음으로 동네 학원에 다니기 시작했는데, 원장님과 잘 맞는 아이들 대여섯 명이 팀을 이루어서 수업을 받았습니다. 이 학원은 어느 학원과는 달리 기본적인 이론과 개념을 설명해 준 뒤에 아이들이 스스로 문제를 풀면서 모르는 것이 있으면 원장님이 도움을 주는 방식으로 가르쳤습니다. 이한이가 이런 스타일로 공부하는 것을 매우 좋아해서 고등학교 2학년 때까지 다녔습니다. 아이가 만족해서 주위 엄마들에게 이 학원을 소개해 주었습니다. 하지만 개념 설명만 하고 따로 선생님이 문제를 풀어 주지 않는다고 해서 그만두는 경우가 많았습니다. 아이마다 궁합이 맞는 학원이 따로 있는 것 같습니다.

과학 중점 학교는 과학 Ⅰ·Ⅱ를 다 공부해야 했고 많지 않은 학생들 사이에서 내신 관리를 잘해야 했기 때문에 방학마다 미래와탐구 학원 같은 대형 학원에서 강좌를 들으며 한 학기씩 과학 선행을 했습니다. 중학교 3학년 겨울 방학 때부터 방학 때마다 일주일에 한 번씩 다니며 물리와 화학의 한 학기 과정을 끝내고, 학기 중에는 혼자 공부했습니다. 이렇게 방학 때 학원에서 한 학기 선행을 하고 나면 학기 중에는 본인이 필요한 부분을 메가스터디, 스카이에듀 등의 인강을 들으며 보충했습니다. 고등학교 3학년 때는 대치동의 미래와탐구, 시대인재, 윤도현 과학, 비전 21 등의 학원에서 그때그때 필요한 부분을 공부했습니다.

아이가 고3 때 수능 준비를 하기 위해 학원에 다닐 때 대치동 학원의 위력을 처음 깨달았습니다. 그 전까지는 왜 그렇게 부모들이 대치동 학원에 목을 매는지 이해를 못했는데, 막상 보내 놓고 보니 역시 다르다는 사실을 알 수 있었습니다. 일단 비용 대비 효율이 좋았습니다. 100명 이상이 한꺼번에 수강하는 대형 강의였는데, 강사의 실력이 뛰어난 데도 동네 학원보다 저렴했습니다. 아이가 대형 강의에 맞는 스타일이라면, 학원 정보가 부족한 엄마들이 아이들을 보내기에는 좋은 시스템인 것 같습니다.

수시전형에서 요구하는 3학년 1학기까지의 내신이 끝난 뒤 고3 여름 방학부터 수능 보기 전까지 사교육비가 가장 많이 들었습니다. 과목별로 필요한 학원에 다 다녀야 했는데, 계산해 보니 한 달에 200만 원이 넘더라구요. 그나마 이한이는 어릴 때부터 선행을 많이 하지 않아서 전체 사교육비를 따지면 많이 쓴 것도 아니었습니다.

아이가 공부를 잘하기는 했지만, 서울대학교는 아무나 들어가는 곳이 아니라고 생각해서 합격을 확신할 수 없었습니다. 이한이가 고등학교 1학년 때 아이의 친구 엄마가 "이한이는 서울대 보내야지"라고 했을 때도 "에이, 서울대를 어떻게 가?"라고 답했습니다. 집에 가서 그 말을 전했더니 남편은 "갈 수 있지 않을까?"라는 반응을 보였어요. 그래도 남편과 달리 나는 서울대학교는 '난 사람'만 가는 곳이라고 생각했습니다. 아이가 공부를 잘했지만 월등하게 잘하거나 뛰어나다는 생각을 하지는 않았거든요.

서초구의 일반고에 들어간 뒤 이한이는 1학년 때부터 전교 3등

안에 들었습니다. 상대적으로 공부에 관심이 많은 아이들이 모인 학교여서 내신 성적을 유지하는 것이 많이 힘들었습니다. 최상위권 아이들끼리 엎치락뒤치락하다가 3학년 1학기 때는 아이가 이과 1등을 해서 서울대학교 지역균형선발전형 추천을 받을 수 있었습니다. 지금 생각해 보면 아이가 고1 때부터 전 과목을 골고루 잘하고 성적이 꾸준해서 서울대학교 측이 좋게 본 것이 아니었나 싶습니다.

아이 입시 준비를 위한 우리 부부의 노력

부부의 생활은 전적으로 아이 중심으로 돌아갔습니다. 맞벌이를 했기 때문에 학원이나 입시에 필요한 정보를 많이 알지는 못했어요. 다행히 아이의 친한 친구 엄마가 정보를 많이 알려 주어서 이한이와 그 친구를 짝을 지워 학원에 보내고는 했습니다.

입시 설명회는 대형 학원이 체육관에서 진행할 때 두 번 정도밖에 가지 못했습니다. 하지만 학교 엄마들 모임은 무슨 일이 있어도 참여하려고 노력했습니다. 또 아이 학교의 경시대회 스케줄을 정리해 주고, 주위에서 좋다고 하는 학원 목록과 과목의 스케줄을 정리해서 아이가 선택할 수 있도록 도왔습니다. 나는 학원 스케줄을 담당하고, 남편은 아이의 하루 일과 스케줄과 시험 준비를 할 때 어떻게 시간을 활용할지 아이와 상의하여 시간표 짜는 일을 담당했습니다.

특히 시험 보기 한 달 전부터 아이가 어떻게 공부할지 아빠와 함께 계획을 세웠는데, 과목별로 아이가 한 시간 동안 공부할 수 있는 분량을 예측해서 시간표를 작성하여 벽에 붙여 놓고 제대로 실행했는지 여부를 체크했습니다. 만약 제대로 못했으면 수정해서 다시 계획표 짜는 일을 반복했습니다. 남편은 시간 관리에 철저한 사람이어서 아이에게도 한 달, 일주일, 하루 단위의 일과 계획을 세우도록 하고 실행할 수 있도록 도왔습니다. 아이 역시 계획을 세우고 실행하면 결과가 훨씬 좋아진다는 사실을 알기에 지키려고 노력했지만, 매번 그렇게 하지는 못했습니다. 나중에 이한이가 "엄마가 학원 끝나면 바로 오라고 해서 나는 다른 아이들에 비해 많이 못 논 거 같아"라고 말했어요. 계획표에 따라 움직여야 했기에 아이가 그렇게 느낀 것 같습니다.

이한이가 고등학교 입학한 뒤에야 대입에서 내신이 차지하는 비중이 크다는 사실을 알았습니다. 고1 첫 중간고사를 치르고 난 뒤의 석차와 평균, 표준편차 등을 보면서 기말고사에서 몇 점을 받아야 안전하게 1등급을 받을 수 있을지 세 식구가 함께 연구하여 목표 점수를 세우고 그 점수를 받을 수 있도록 격려했습니다. 이렇게 나름 치밀하게 따지기는 했지만 사실 당시에는 전교 등수보다 평점을 잘 받는 것에 신경을 썼고 서울대 지균형은 생각하지도 않았습니다.

아이가 너무 높은 목표를 세우고 도전하다가 실패했을 때의 좌절감을 맛보게 하고 싶지도 않았습니다. "이 정도면 충분히 잘했어"

라고 스스로 만족하며 살아가기를 바랐습니다. 아이가 공부할 때 종종 "모르는 거 있으면 엄마한테 물어봐"라고 말하면 아이가 피식 웃고는 했습니다. 더 이상 부모가 아이 공부를 도와줄 수 없다는 사실을 나도 아이도 잘 알고 있었지만, 그런 식으로 우리가 지지하고 있다는 사실을 알려 주고 싶었습니다. 고등학교 1학년 때 아이가 중간고사를 너무 못 봤다며 괴로워할 때는 포스트잇에 '시험 못 봐도 괜찮아. 엄마는 네가 있어서 행복해'라고 써서 아이 책상에 붙여 두었습니다. 그런데 아이가 대입 끝날 때까지 그것을 떼지 않았습니다.

그리고 아이가 운동을 좋아하고 활발해서 초등학교 때부터 고등학교 때까지 반장이나 부반장을 계속했기에 엄마들 활동에도 참여하려 노력했습니다. 일을 해서 시간을 내기 힘들더라도 학기 초에 반 엄마들의 모임을 기획하고 운영하는 일은 꼭 챙겼습니다.

아이의 입시에서 가장 중요했던 것

'상처뿐인 영광'이라는 말이 있습니다. 무언가를 이루었지만, 그 과정에 너무나도 많은 출혈이 있어서 성공해도 성공한 것 같지 않을 때 쓰는 말입니다. 아이의 입시도 마찬가지가 아닌가 생각합니다. 온 집안 식구가 한 아이의 입시 때문에 기를 못 펴고, 또 아이는 아이대로 그 과정에서 삐뚤어지기도 합니다. 크게 모나게 행동하지 않더라도 아이가 '공부만 아는 사람'으로 굳어지거나 성적과 점수라는 잣대로 세상을 바라보게 된다면 입시에 성공하더라도 그것은 '상처뿐인 영광'일 겁니다.

우리 부부가 아이의 힘든 여정에 동참하면서 가장 중요시한 것은 부모와 아이의 정서적 교감과 유대감이었습니다. 일방적으로 강요하지 않았고, 부모 입장에서 원하는 것이 있을 때는 아이와 의논했습니다.

휴식도 잘 챙겼습니다. 무슨 일이 있어도 일 년에 한 번은 가족 여행을 갔습니다. 쉴 때는 확실하게 쉰다는 생각으로 아이가 중학교 때까지는 길게 여행을 다녔고, 고등학교 2학년 때끼지는 일주일 정도 편하게 쉬었습니다. 그 시간에 문제 하나라도 더 푸는 것이 이득이라고 생각하는 부모도 있겠지만, 휴식 없이 무조건 달리기만 하면 결국 에너지가 고갈되고 맙니다. 부모의 조급함을 버리고 아이가 알아서 잘 거라는 믿음을 갖고 지지해 주어야 아이도 힘을 얻습니다.

이제 우리 아이 이한이는 삶의 새로운 단계로 접어들었습니다. 우리 부부가 지금까지 해 왔던 부모의 역할도 변화를 맞았습니다. 하지만 이한이가 이것만은 기억해 주었으면 합니다. 지금까지 그랬듯 언제나 엄마와 아빠가 지지하고 있다는 사실을.

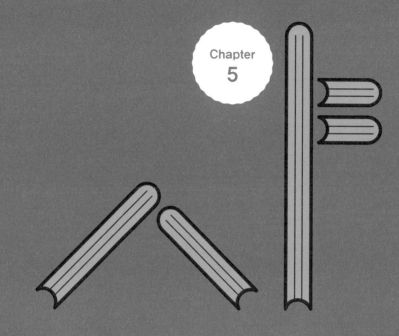

Chapter
5

어느 수포자 학생의

서울대학교 입성기

학부모 **이정수**
학생 **김미령** 서울대학교 지리교육학과, 경북외국어고등학교, 정시전형

큰 세상을 꿈꾸었습니다. 많이 알고 싶었고, 많이 경험하고 싶었습니다. 하지만 현실은 그렇지 못했어요. 부모님이 자식 교육에 크게 생각이 없으셔서 나는 그저 그런 아이로 자랐습니다.

아이를 가졌을 때 가진 첫 번째 생각이 제대로 교육시켜서 큰 인물로 만들자는 것이었어요. 그래서 태교에 신경을 많이 썼습니다. 아이가 태어난 뒤에는 음악을 많이 들려주고 책도 많이 읽어 주었습니다. 하지만 모든 엄마가 그렇듯 나 역시 엄마가 처음이었기에 시행착오를 많이 겪었습니다. 나중에 내 아이도 엄마가 되어 같은 어려움을 겪을 것이라는 생각에 육아 일기를 쓰기 시작했습니다. 힘들 때는 남편의 도움을 받아 가며 꼬박 1년을 썼습니다.

많은 사람들이 서울대학교에 들어가는 아이들은 좋은 유전자를 물려받아서 뛰어나다고 생각합니다. 하지만 나도 남편도 크게 좋은 교육을 받지 못했고, 집안에 명문대학교 출신도 없었습니다. 서울대에 가기 위해 우리 딸 미령이가 참 열심히 공부했지만, 엄마인 나의 노력도 그에 못지않았습니다.

뱃속에서부터 책을 읽고 음악을 들은 아이

미령이를 가졌을 때 나는 아이에게 모든 것을 다 해 주겠다고 결심했습니다. 미령이가 태어나기 전에 유산의 아픔을 겪었기에 새로이 찾아온 생명이 더욱 소중하게 다가왔습니다. 당시 임신부들 사이에는 뱃속의 아이에게 좋은 자극을 준다는 기체조가 유행이었고, 나역시 열심히 했습니다. 동화책도 많이 읽어 주고 음악도 많이 들려주었습니다. 그리고 드디어 미령이가 태어났습니다.

엄마의 말을 알아듣지 못할 때부터 스킨십을 하고 예쁘다는 말을 자주 해 주었습니다. 마치 다 큰 아이를 대하듯 말을 걸고 동화책을 읽어 주고 함께 음악을 들었습니다.

하지만 내 딸도 나중에 엄마가 되면 같은 어려움을 겪을 것이라는 생각이 들었습니다. 초보 엄마의 경험을 물려주기 위해 그때부터 꼬박 1년 동안 육아 일기를 썼습니다. 피곤해서 내가 쓰기 힘들 때면 남편의 도움을 받았습니다.

미령이가 3개월쯤 되었을 때였습니다. 아이를 등에 업고 「섬집아기」라는 노래를 들려주는데 아이가 갑자기 울음을 터뜨렸어요. 다른 노래를 들려줄 때는 울지 않다가도 꼭 그 노래만 나오면 울었습니다. 그때 갓난아기도 슬픈 감정을 느낀다는 사실을 깨달았습니다. 아이가 모든 것을 듣고 보고 느낀다는 점을 알고 난 뒤로는 밝은 노래 위주로 들려주고, 말과 행동에 주의를 기울였으며, 교육에 더욱

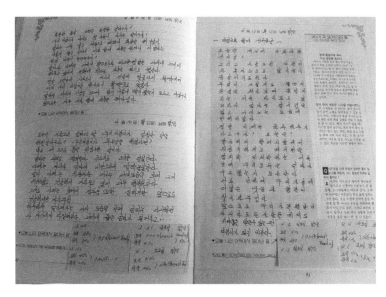

■ 미령이를 키우면서 쓴 육아 일기

신경을 썼습니다.

미령이는 잠을 자다가도 매우 작은 소리에 놀라서 깰 정도로 예민했습니다. 그래서 정서적으로 편안하게 해 주려고 클래식도 많이 들려주었습니다.

아이가 무엇인가를 알아 가고 있다는 걸 안 뒤로는 공부한다는 느낌을 주지 않고 놀이처럼 즐겁게 지적 자극을 줄 수 있는 것이 없을까 많이 고민했습니다. 그래서 책을 읽어 주었고, 5~6개월부터는 집 안 벽에 알파벳, 한글, 동물과 꽃 그림, 숫자, 세계 지도 등 3~4종류를 한두 달마다 번갈아 가며 붙였습니다. 아이가 보행기를 타고 집

안을 돌아다니면 내가 "호랑이는 어디 있어?", "음메 하고 우는 소는 어디에 있을까?"라고 물어서 그림들에 관심을 갖도록 했습니다.

나는 넓은 세상에서 자유롭게 살고 싶었지만 그러지 못했습니다. 아이는 그렇게 살기를 원해서 세계 지도를 붙여 놓았는데, 이런 영향 때문인지 미령이는 나중에 세계 지리에 관심이 많았고, 결국 지리교육학과에 진학하게 된 것이 아닌가 생각합니다.

11개월 정도 되었을 때였습니다. 남편이 뉴스를 보는데 앵커가 '산지 돼지 값이 올라갔다'고 하는 말을 듣고는 갑자기 아이가 "오잉, 오잉" 하며 돼지 흉내를 냈습니다. 그 모습을 보고 주위의 자극이 매우 중요하다는 사실을 다시 한 번 깨달았습니다. 아이가 그런 행동을 보일 때마다 나는 "어이구, 우리 딸 그랬어?"라며 호응해 주었습니다.

한글 교육을 시작하다

미령이를 키우는 동안 주위 분들이 조언을 많이 해 주었는데, 한글 교육에 대해서는 의견이 엇갈렸습니다. 한글을 빨리 가르쳐야 한다는 분이 있는가 하면, 너무 서두르지 말라는 분도 있었어요. 나는 미령이가 한글을 빨리 깨우쳤으면 좋겠다고 생각해서 18개월부터 카드로 한글 교육을 시작했습니다. 글을 알아야 책을 읽을 수 있고,

그래야 일찍부터 많은 지식을 쌓을 수 있을 테니까요. 그리고 그 전에 아이와 다양한 활동을 하며 지적 자극을 주었기에 인지 능력이 충분히 발달했을 거라고 판단해서 한글 교육을 일찍 시작한 것이었습니다.

다만 쓰기 교육은 36개월에 유치원에 들어가면서 시작했습니다. 처음에는 나랑 둘이서 공부하다가 아이가 나 이외의 다른 사람을 만날 필요가 있고, 전문가의 도움을 받는 것이 좋다는 생각이 들어서 학습지를 시작했습니다.

아이가 공부를 자연스럽게 접하도록 하기 위해 아이의 방은 물론 심지어 화장실에도 브로마이드를 붙였습니다. 내가 브로마이드를 잘 활용한다는 것을 알고 아이 친구 엄마가 장원 한자 브로마이드를 주었습니다. 너무 어릴 때부터 한자를 시킬 생각이 없어서 한쪽에 두었다가 미안한 마음이 들어 벽 한쪽에 붙여 놓았습니다. 일주일 정도 지났을 무렵 아이가 자연스럽게 한자를 익히기 시작했습니다. 깜짝 놀라서 무슨 글씨냐고 물어보면 대답을 곧잘 했습니다. 그때 이후로 장원 한자 학습지도 시작했습니다.

학습지 선생님들은 미령이가 잘 따라오고 잘한다며 칭찬을 많이 했습니다. 하지만 당시에는 비교 대상이 없었기 때문에 그저 선생님들이 하는 소리라고 가볍게 넘겼습니다. 남편과 내가 문과 성향이라 나중에 아이가 숫자에 약할까 봐 벽에 그림을 붙일 때도 숫자를 강조하고 자극을 많이 주었습니다. 그렇기 때문에 빠를 수도 있다고 생각했지, 특별히 미령이가 똑똑하다고는 생각하지 않았습니다.

아이에게 맞는 유치원 찾아 주기

미령이를 키우는 동안 많이 힘들었던 때가 세 번 있었는데, 첫 번째가 유치원 다닐 때였습니다. 처음에는 아기 스포츠단에 보냈습니다. 그런데 가기 전날까지만 해도 옷을 입어 보고 좋아하더니 막상 버스를 탈 때는 울고불고 난리가 났습니다. 엄마랑 떨어지기 싫었던 거죠. 다음 날에는 아이가 옷에 오줌을 쌌는데, 엄마가 와야 옷을 갈아입겠다고 울며 버텨서 애를 많이 먹었습니다. 스포츠단에서는 다른 곳으로 옮겨 보라고 권유했습니다. 그래서 경험 많은 원장님이 운영하는 유치원으로 보냈는데, 그곳에서도 같은 말을 들었습니다. 대부분의 아이들이 며칠만 지나면 적응하는데, 우리 아이만 적응력이 떨어지는 것 같아 걱정이 많았습니다. 유치원에 보내지 않을 수도 없어서 참 힘들었습니다. 아이가 예민해서 너무 맞추어 주기만 했던 것이 잘못된 방법은 아니었나 싶어 자책하며 많이 울기도 했습니다. 외동딸이어서 사회성을 길러 주기 위해 6개월 정도 짐보리에 보냈을 때도 잘 적응했고 다른 아이들과도 잘 어울리는데 유독 유치원에 보내기가 힘들었습니다.

그래서 고민 끝에 아이에게 잘 맞을 것 같은 유치원을 찾기 시작했습니다. 그러다가 찾은 곳이 몬테소리 유치원이었습니다. 이곳에서는 일 대 일로 아이를 돌봐 주었는데, 다행히 미령이는 몬테소리 유치원에 잘 다녔습니다.

미령이를 통해서 깨달은 사실이 있습니다. 다른 아이들이 하는 것을 내 아이가 못하면 엄마는 속이 상합니다. 하지만 아이마다 기질과 특성이 다르기 때문에 일률적으로 생각해서는 안 됩니다. 예민한 아이에게는 아이에게 잘 맞는 곳을 찾아 주어야 합니다. 당시 원장님과는 아직도 연락을 하고 지냅니다. 미령이가 대학에 합격한 뒤 찾아갔는데, 자기가 다닐 때 유치원의 어디에 무엇이 있었는지 다 기억해 내서 원장님이 깜짝 놀랐다고 합니다.

집안 경제에 도움이 되기 위해서 아이가 5학년일 때 나는 학습지 일을 시작했습니다. 그때부터 지금까지 10년 가까이 일하면서 느낀 점이 있습니다. 어릴 때 똑똑하지 않은 아이도 엄마가 아이 나이에 맞게 정서적으로 신경을 써 주고 학습적으로 지원해 주면 아이의 지적 능력이 훨씬 발달한다는 점입니다. 엄마가 일을 하느냐 하지 않느냐 하는 문제는 중요하지 않습니다. 엄마가 아이 교육에 얼마나 집중하고 잘 돌보느냐가 중요합니다. 일을 해야 해서 아이를 돌볼 수 없을 때는 보육 기관이나 아이를 돌봐 줄 사람에게 맡기더라도 아이와 함께할 때는 시간을 알차게 써야 합니다. 나는 아이가 어느 정도 자랄 때까지 퇴근 후와 주말을 온전히 아이에게 바쳤습니다.

아이의 정서와 인지 능력은 유치원 다니는 시기까지 부모가 어떻게 보살피는가에 따라 결정되는 것 같습니다. 그리고 공부 습관은 초등학생 때 잡지 않으면 나중에 고치기 힘든 것 같습니다.

아이의 예민함을 극복시키기 위한 다양한 체험 활동

나의 레이더에 포착된 어린이 체험 활동은 가능한 한 모두 참가하려고 노력했습니다. 내가 신문 읽는 것을 즐겨서 아이를 위해 어린이 신문도 구독했는데, 어린이 신문에 소개된 어린이 체험 활동 프로그램에 많이 다녔습니다. 그리고 한솔교육의 '신기한 한글 나라'에서 주최하는 읽기 대회가 있었는데, 장소를 가리지 않고 무조건 참여했습니다. 그러다가 4~5세 때쯤에는 서울에서 하는 전국 대회에서 1등을 하기도 했습니다. 다른 엄마들이 그런 일에 소극적인 데 반해 나는 아주 적극적이었습니다. 한번은 해수욕장에서 아이들 노래자랑이 열렸는데, 그런 대회에도 아이를 내보냈습니다.

유별나죠? 이유가 있습니다. 아이가 어릴 때부터 낯가림이 심하고 예민하며 남 앞에 서는 것을 싫어해서 그걸 극복하게 해 주고 싶었던 거예요. 유치원에서 배워 온 노래나 율동을 할 때면 크게 오버하면서 무조건 잘한다고 칭찬해 주었습니다. 책을 읽고 나서 나에게 이야기를 들려주면 "그런 건 어떻게 알았어? 우리 미령이 진짜 똑똑하다"라며 추켜세워 주기도 했습니다. 자신감을 심어 주기 위해서

아이가 싫어하는 것은 시키지 않는 부모가
좋은 부모일까요? 아이의 약점을 보완해 주기 위해
노력하는 것은 부모의 역할입니다.

였습니다. 미령이도 엄마의 칭찬 덕분에 자신이 무엇이든 잘하는 줄 알았고, 그런 자신감이 있었기에 남 앞에 설 수 있었던 겁니다.

나는 미령이가 독립적이고 남에게 휘둘리지 않으며 자신만의 색깔을 가지고 살아가길 바랐습니다. 그렇게 살고 싶었지만 그렇지 못했던 나의 아쉬움을 미령이를 통해 실현하고 싶었던 것인지도 모릅니다. 아무튼 나의 노력 덕분에 아이는 남 앞에 서는 것을 두려워하지 않게 되었습니다.

미령이의 독서 교육

① 초등학교 이전

내가 아이에게 해 줄 수 있는 이야기는 한계가 있습니다. 하지만 책을 통해서는 무한한 세계를 접할 수 있기 때문에 미령이가 어릴 때부터 책을 많이 읽히고 싶었습니다. 또 훌륭한 인격을 갖춘 사람으로 자라기를 바랐는데, 인성 교육 역시 독서만 한 것이 없다고 생각했습니다.

미령이는 36개월 때부터 본격적으로 책을 읽기 시작했습니다. 내가 읽어 주는 것과 아이가 혼자 읽는 비율이 반반 정도였습니다. 아이가 혼자서 글을 읽을 수 있게 된 뒤에도 그림책을 자주 보여 주면서 그림을 보며 상상해서 말하도록 유도했습니다. 처음에는 내가 먼저 이야기를 만들고 이어서 아이에게 이야기를 만들어 보라고 하면서 놀이를 하듯 책을 읽었습니다. 프뢰벨에서 나온 책들이 이런 놀이 독서를 하는 데 적합했습니다.

아이와 함께 책을 읽기 위해 아이북랜드라는 책 대여 프로그램을 이용하고, 아파트의 이동도서관과 동네의 도립 도서관을 자주 이용했습니다. 도립 도서관에 처음 갔을 때가 생각나네요. 도서관 안에 사람이 많아서인지 미령이는 자꾸 나가려고 했습니다. 그래서 아이가 도서관에 적응할 때까지는 책을 보지 않고 야외 공간에서 아이와 함께 놀았습니다.

수학과 과학, 사회 등 다양한 분야의 책을 골고루 읽도록 주었는데, 신기하게도 수학 책과 과학 책만 쏙 빼고 읽어서 나중에 아이가 수학을 못할까 봐 걱정하기도 했습니다.

아이가 여섯 살 때부터 더 넓은 세상을 접하도록 하고 싶어서 어린이 신문을 구독해 주었습니다. 처음에는 아이에게 신문을 읽으라는 말을 하지 않고, 그저 펼쳐 놓기만 했습니다. 시간이 지나자 신문에 관심을 보였고, 이후로 꽤 오랫동안 읽었습니다.

② 초등학생과 중학생 시기

초등학교 입학한 뒤로는 책을 꾸준히 읽는 독서 습관을 들이려고 노력했습니다. 아이가 싫어하는 분야의 책을 강요하지는 않았어요. 대신 아이가 읽으면 좋을 것 같은 책을 사다가 TV 선반 같은 곳에 눈에 띄도록 올려놓고는 아이가 "어, 못 보던 책이네?" 하고 관심을 보이면 "그것 재미있대" 하고 내가 부추기는 식으로 책 읽기를 유도했습니다. 그리고 간간이 "요즘은 무슨 책 읽어?"라고 물으며 아이의 독서 생활에 관심을 보여 주었습니다. 일본어 배울 때도 교재만 본 것이 아니라 일본에 관한 책을 같이 읽게 했습니다. 아이가 책을 읽으면서 관심 분야를 점점 넓혀 나가는 것이 보였습니다.

중학생이 된 뒤 하루는 『콰이어트Quiet』라는 책을 읽고 깨달은 바가 있었던지 이렇게 말했습니다.

"엄마, 엄마가 내 특성에 맞게 나를 잘 키워 준 것 같아. 고마워, 엄마."

엄마들은 이럴 때 가장 행복하지 않나요?

아는 것을 행동으로 옮기는 아이

미령이는 책에서 읽은 내용을 행동으로 옮기는 아이였습니다. 환경을 보호하기 위해 전자 기기를 쓰지 않을 때는 콘센트를 뽑아야 한다는 글을 읽으면 집 안의 모든 콘센트를 뽑고 다니는 식이었어요. 공중도덕도 아주 중요하게 여겨서, 유치원 시절부터 다른 아이의 장난감을 빼앗는 아이들을 혼내는 등 남을 배려하지 않는 아이를 보면 그냥 지나치지 않았습니다.

초등학교 가서도 달라지지 않았습니다. 시끄럽게 떠들거나 제멋대로 하는 아이들이 있으면 "너는 왜 떠드니? 그렇게 하지 마"라고 야단을 치고, 집에 와서는 "엄마, 난 정민이가 유치원에서 무엇을 배웠는지 모르겠어. 왜 새치기를 하고 남의 물건을 함부로 써?"라고 말하며 아이들의 나쁜 행동을 참기 힘들어했습니다. 그런 일 때문에 아이들과 다투기도 하고, 미령이 자신도 힘들어했습니다.

남들 보기에는 내가 아이에게 잘 맞추어 주고 아이가 원하는 대로 곧잘 해 주어서 그렇다고 생각할 수 있겠지만, 엄마는 자기 자식을 제일 잘 알고, 장점보다는 단점을 많이 보게 됩니다. 미령이는 개인주의 성향이 있었기 때문에 내가 사랑을 많이 주면 아이 역시 다른 사람들에게 사랑을 베풀 것이라고 믿었기에 노력했던 것입니다.

아이를 키우면서 힘들었던 두 번째 시기는 아이가 초등학교 3학년 때였습니다. 이때의 담임 선생님은 아이들이 잘못하는 것을 참지 못하는 매우 엄격한 분이었습니다. '빽빽이'라고 아세요? 종이에 공부한 흔적을 빽빽하게 채우는 것입니다. 이 선생님은 아이들에게 이걸 시켰습니다. 아이가 담임 선생님의 스타일과 맞지 않아서 학교 다니는 걸 싫어했습니다. 그래서 내가 "인생을 살다 보면 나를 힘들게 하는 사람을 만나기 마련인데, 나중에 그런 경험이 도움이 되기도 해"라고 타이르며 학교에 보냈습니다.

때로는 아이들과 싸워서 학교에서 전화가 오기도 하고 상처를 입은 채 집에 올 때도 있었습니다. 그럴 때 나는 아이와 사이가 안 좋은 아이들을 집으로 초대해서 맛있는 것을 해 주며 아이들이 친하게 지내도록 노력했습니다. 아이에게 왜 싸웠느냐고 잘잘못을 따지기보다는 싸우고 난 뒤에 어떻게 화해해야 될지를 알려 주고자 했습니다.

언어 감각은 좋으나 수학을 싫어했던 아이

미령이는 유치원 다닐 때부터 책을 읽거나 어떤 활동을 할 때 숫자와 관련된 것은 멀리하고 싫어했습니다. 유치원 선생님도 아이가 숫자를 싫어한다고 말하더군요. 그래서 도서관에서 같이 책을 읽을 때면 30% 정도의 비율로 일부러 숫자와 관련된 책을 포함시켰습니다. 그러면 아이가 알고는 옆으로 살짝 빼 놓았어요. 초등학교에 들어간 뒤에도 여전히 수학을 싫어했습니다.

당시 나의 가장 큰 고민은 어떻게 하면 아이가 수학을 좋아하게 할 수 있을까 하는 것이었습니다. 그래서 매일 일정하게 수학 공부를 하도록 해서 습관을 들이고 초등학교 4학년 때부터는 수학 학습지를 시켰습니다. 아이가 싫어하는 것을 강요하지는 않았는데, 수학을 너무 싫어해서 어쩔 수 없었어요. 그런데 수학 학습지를 몰래 한 장씩 뺀다든가 연산 문제를 풀 때 앞에서 풀었던 것이 뒤에서 다시 나오면 그 문제를 푸는 것이 아니라 앞서 한 것을 베껴서 쓰고는 했습니다. 그래서 아이를 때린 적도 있습니다.

초등학교 6학년까지는 학습지나 문제집을 풀면서 나와 함께 공부하다가 6학년 겨울 방학 때 처음으로 수학 학원에 보냈습니다. 선행을 시키고 싶었지만 아이가 수학을 너무 싫어해서 시킬 수가 없었습니다. 미령이는 싫어하는 것은 하지 않으려는 성향이 강해서 중학생 때도 "내가 왜 선행을 해야 해?"라며 수학뿐 아니라 다른 과목도 선행을 거부했습니다. 그래서 복습과 독서를 열심히 하는 것으로 대체했습니다. 영어는 초등학교 2학년 때부터 장원교육의 학습지를 하다가 4학년 여름 방학부터는 학원에 보내기 시작했습니다. 그 외에 수영을 시키고 피아노 학원에도 보냈습니다.

아이가 싫어하기도 했지만, 사실 나도 딱히 초등학교 때는 선행을 시키고 싶지 않았습니다. 하지만 중학생 때는 달랐습니다. 지금부터라도 고등학교 과정을 선행시켜야 하나 말아야 하나 고민이 많았습니다. 하지만 아이가 싫어하는 걸 어쩌겠어요? 학원 안 가는 대신 초등학교 1학년부터 문제집을 사서 학습지를 시킨 것과 마찬가지로 일정한 양을 공부하도록 시켰고, 책도 꾸준히 읽게 했습니다. 공부량이 많지 않았기에 아이가 숙제를 하지 않거나 해야 할 일정 분량의 공부를 하지 않으면 밥을 안 주기도 했어요. 대체로 따뜻하고 다정하게 대해 주었지만, 공부 습관을 들일 때만큼은 엄하게 대했습니다. 아이가 자기 전까지는 남편도 TV를 보지 않았고 아이가 잠든 후에야 TV를 켰습니다. 그래서인지 미령이는 게임을 해 본 적도 없었습니다.

스마트폰과의 전쟁

아이가 시험을 잘 치러서 남편이 초등학교 4학년 때 스마트폰을 사 주었습니다. 이때부터 핸드폰과의 전쟁이 시작되었습니다. 아이가 트위터나 페이스북을 일찍 시작했는데, 내가 보기에는 핸드폰에 과도하게 매달리는 것 같아서 아이와 많이 싸웠습니다. 심지어 'SNS 많이 하는 어린이'로 알려져 중앙일보 기자에게서 인터뷰하자는 연락이 올 정도였습니다. 요즘 말로 하면 미령이는 어릴 때부터 '디지털 네이티브'였던 거예요. 물론 아이가 스마트폰으로 SNS만 한 것은 아닙니다. 정보를 얻기 위한 수단으로 이용할 때가 더 많았어요.

◆ VANK, Voluntary Agency Network of Korea, 한국을 알고 싶어 하는 외국인과 해외 동포, 한인 입양아 등에게 한국에 대해서 알려 주는 자원봉사 모임이다. 동해를 일본해로 표기하는 문제 등 한국과 관련한 국제 이슈를 바로잡는 역할도 하고 있다.

미령이는 어릴 때부터 미디어와 사회 활동에 관한 관심이 남달랐습니다. 초등학교 4~6학년 때는 청와대 어린이 기자단에 신청해서 선발되었고, 우수 기자상도 받았습니다. 반크* 활동도 하고 구세군 행사에도 빠지지 않았습니다. 그러다가 프로야구 선수인 양준혁 선수와 사진을 찍기도 했습니다. 집 앞의 공장에 불이 났을 때는 동영상을 찍어 제보해서 초등학교 6학년 때 KBS 시민 기자상을 받았습니다. 초등학생으로는 유일했어요. 아이 친구들이 집에 놀러 와서는 "미령이는 전생에 독립군이었나 봐요"라고 말할 정도로 나라 사랑과 환경 운동에 관심이 많았고, 독도 사랑 활동에도 활발하게 참여했습니다. 미령이에게 스마트폰은 단순한 여흥 도구가 아니라 관심 있는 활동을 찾고 세상과 소통하는 통로였던 거죠.

하지만 나와 남편은 아이가 스마트폰에 시간을 많이 빼앗기는 것이 걱정되어 그 일로 언성이 높아지기도 했습니다. 중학생 때는 방과후 수업 시간에 기타를 배웠는데, 집에서 오랫동안 기타 연습을 하고 음악에 빠져 지냈습니다. 화가 난 아이 아빠가 부순 핸드폰이 몇 개나 됩니다. 기타도 박살이 났죠. 자신이 좋아하는 것에는 푹 빠지는 스타일이라 우리 부부의 걱정을 많이 시켰습니다. 이처럼 중학생 때 미령이는 우리 부부와 갈등이 심했지만, 그 시기가 지나고 나자 다행히 자기 길을 잘 찾아갔습니다.

준비 없이 입학한 음악 중점 학교

미령이는 초등학교 때 공부를 잘했
지만, 아주 뛰어난 편은 아니었습니다.
초등학교 6학년 때 중학교를 선택해야
하는 시기에 학교에서 진평중학교의 음
악 중점 학급에 대한 설명을 듣고는 거
기에 꼭 가겠다고 고집을 부렸습니다.
어릴 때 음악 교육을 시키지 않은 것은
아니지만, 남들 다 하는 피아노 학원에
다니고 방과후 수업으로 바이올린을 배
운 것이 전부였습니다. 피아노는 여섯
살 때부터 예민한 성격을 누그러뜨릴
요량으로 배우도록 했는데, 학원에 오
래 다녔지만 피아노를 그리 잘 치지는
못했습니다. 그런데 음악 중점 학급에
가겠다고 떼를 쓰니 내가 얼마나 기가
막혔겠어요. 그래서 딱 1년만 그 중학교

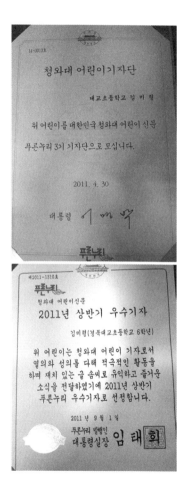

■ 미령이는 초등학생 때 청와대 어린이 기자단
으로 활동하고 우수 기자상까지 받았다.

에 다니다가 전학을 하겠다는 약속을 받아 내고 진평중학교의 음악 중점 학급으로 보냈습니다.

학교의 12개 학급에서 2개 학급이 음악 중점 교육을 받았는데, 문제는 아이들에게 제대로 공부를 시키지 않는다는 것이었습니다. 학급이 2개뿐이고 아이들이 공부를 열심히 하지 않아서 그런지 다행히 미령이의 내신은 잘 나왔습니다.

초등학생 때부터 아이의 공부 습관을 잡기 위해 애썼다는 사실을 알고 있는 주위 사람들은 내가 아이를 음악 중점 학급에 보낸 것을 보고 많이 놀라워했습니다. 하지만 나는 아이가 원하는 것이라면 한 번쯤은 그런 교육을 경험해 보는 것도 좋겠다는 생각에 1년이라는 조건을 달아 보냈던 것입니다.

그런데 1년이 지나 다른 중학교를 알아보고 전학을 보내려고 하는데, 미령이가 전학 안 가겠다고 떼를 써서 그야말로 난리가 났습니다. 여러 가지 악기와 음악을 재미있게 배우고 경쟁보다는 즐기면서 학교를 다니는 친구들이 있는 그곳을 떠나면 많이 불행해질 것 같다는 거예요. 하지만 아이에게 음악을 전공하겠다는 뚜렷한 목표가 있었던 것도 아니었습니다. 아마도 공부하기 싫어서 계속 다니고 싶어 했던 것 같아요. 그러더니 중학교 2학년 때는 예술 고등학교에 진학하고 싶다고 해서 또 한 번 내 속을 뒤집어 놓았습니다.

미령이는 때때로 엉뚱한 면을 보였습니다. 내가 듣기에 아이가 노래를 잘하는 편이 아닌데도 굳이 「위대한 탄생」이라는 오디션 프로그램의 예선에 참가하고 싶어 해서 아이를 데리고 서울까지 갔습니다. 물론 떨어졌습니다. 또 뮤지컬 배우를 하고 싶다고도 하고, 나중에 경북외고에 가서는 학교 밴드의 보컬에도 도전했으나 역시 떨어졌습니다.

전학 가지 않겠다고 고집을 부리던 무렵에 아이를 앉혀 놓고 말했습니다.

"사람은 잘하는 것과 좋아하는 것이 있는데, 잘하는 것을 하면서 사는 게 훨씬 나아."

하지만 미령이는 진평중학교의 음악 중점 학급을 포기하지 못하겠다고 했습니다. 열심히 공부하겠다는 약속을 하고 결국 미령이는 그 학교에 남았습니다.

당시에 진평중학교에서 미령이 학년은 7명이 외고에 갔는데, 음악 중점 학급에서는 미령이가 유일했습니다. 외고를 준비하는 아이들은 선행을 많이 한 반면에 우리 아이는 수학이나 과학 등 선행이 부족해서 걱정을 많이 했습니다. 그런데 역시나 경북외고에 들어간 후 결과가 나타났습니다.

수석으로 경북외고 입학, 그러나 첫 모의고사 수학은 48점

미령이가 초등학생 때는 공부 습관 잡는 것 외에는 크게 공부 스트레스를 주지 않았습니다. 초등학교 6학년 겨울 방학 때 수학 학원에 보냈는데, 학원 선생님이 선행을 시키고 싶어 해도 아이가 거부해서 할 수 없었습니다. 결국 선행은 하지 못하고 해당 학년 과정만 공부했습니다. 그래서 중학교 때 수학은 거의 포기했습니다. 반면에 아이가 일본어와 중국어에 관심을 갖고 있어서 당시 내가 일하던 장원 학습지를 하며 혼자 공부하기도 했습니다.

중학교에 다니는 동안에는 책을 읽은 뒤에 책 제목과 지은이, 간단한 줄거리를 써서 나에게 제출하는 식으로 책을 읽게끔 독려했습니다. 그래서 중학교 3년 동안 70권 넘게 책을 읽었고, 외고 지원할 때 자기소개서에도 이런 내용을 담았습니다. 다른 아이들과 달리 선행을 하지 않았고 학원에도 많이 다니지 않아서 시간이 많았고 책 읽기를 싫어하지는 않아서 독서에 관해서만큼은 엄마의 말을 잘 따라 주었습니다.

비록 중학생 때 공부를 많이 하지 않았지만, 그동안 쌓인 독서 내공이 있기에 언제든지 아이가 마음만 먹으면 공부를 잘할 것이라는 믿음을 갖고 있었습니다. 그래서 아이에게 경북외고에 지원해 보라고 권했습니다. 미령이는 영어 내신 성적이 좋고 외고는 중학교 성적 중에서 영어 내신만 보기 때문에 일본어반을 지원하면 가능성이 있다고 생각했습니다(경북외고에는 영어반, 일본어반, 중국어반이 있음). 사실 영어반에도 붙을 가능성은 있었는데 불안해서 일본어반에 지원했습니다. 그런데 생각지도 않게 일본어반 수석으로 입학했습니다.

그러나 수석 합격의 기쁨은 오래가지 않았습니다. 고등학교 1학년 첫 모의고사에서 수학 점수가 48점이 나온 겁니다. 수석으로 입학한 아이의 점수라고는 도저히 믿기지 않아서 담임 선생님도 깜짝 놀랐습니다. 아이도 울고, 나도 울었습니다. 수학 때문에 정말 앞이 막막했습니다. 공교롭게도 미령이 1학년 담임 선생님이 수학 선생님이었습니다. 선생님이 아이를 앉혀 놓고 면담을 하면서 "수학은 쉽게 점수가 올라가는 과목이 아닌데, 수학을 어떻게 할래?"라고 물었더니 아이가 "하면 되죠"라고 답했다고 합니다.

커다란 충격으로 인해 수학 공부를 열심히 하겠다고 마음먹었지만 처음에는 쉽지 않았습니다. 기숙사 생활을 했기 때문에 사교육을 받기도 어려웠고, 학교에서는 EBS 인터넷 강의 듣는 것 외에는 다른 인강을 듣지 못하게 했습니다. 그래서 학교에서 핸드폰으로라도 다른 수학 인강을 들으라며 핸드폰을 건네주었습니다. 그런데 핸드폰은 학교에 반입할 수 없는 금지 품목이었습니다. 공중도덕 잘 지키는 아이는 안 가져가겠다고 하는데 오히려 부모가 '불법'을 부추기는 희한한 실랑이가 벌어졌습니다. 아이가 인강 듣느라 데이터 용량을 다 쓰면 데이터를 더 쓸 수 있게 '알'을 선물로 보내 주고는 했습니다. 그러다 학교에 걸려서 반성문도 썼습니다. 그렇게 1년 정도 하다가 결국에는 핸드폰으로 인강 듣는 것도 포기했습니다. 수학 점수는 여전히 오르지 않았고, 그래서 아이가 힘들어하며 많이 울었습니다.

성적이 좋지 않아 고생했던 고교 시절

수학뿐만이 아니었습니다. 국어 점수도 잘 나오지 않았습니다. 고등학교 1학년 때 내신이 국어 3등급, 수학 5등급, 과학 7등급이었습니다. 전반적으로 내신이 안 좋았고 모의고사 성적도 좋지 않았습니다.

수학은 공부를 안 해서 그렇다 쳐도 모의고사에서 국어 2등급을 받은 것은 나로서는 충격이었습니다. 독서를 열심히 해서 국어를 잘할 거라고 믿었기 때문입니다. 열심히 EBS 인강 들으며 국어 성적 올리기에 집중했습니다. 나중에 결국 1등급을 받았는데, 어렸을 때부터 쌓아 온 독서 내공이 효과를 발휘한 것이라고 생각합니다.

영어는 아이가 좋아해서 고1 때부터 꾸준히 1등급이 나왔습니다. 아이가 한국외대에 가고 싶어 해서 한국외대 캠퍼스에 다녀오기도 했습니다. 아이가 공부에 지치지 않도록 내 나름 많이 노력했습니다.

하지만 수학은 아무리 열심히 해도 점수가 오르지 않았습니다. 급기야 고등학교 1학년 겨울 방학 때 수학을 포기하겠다고 선언했습니다. 해도 해도 안 되니까 아예 끈을 놓아 버린 거였어요. 그래서 아이를 앉혀 놓고 이야기를 했습니다. 어느 대학에 가고 싶으냐고 물었더니, 그새 목표 대학이 한국외대에서 서울대학교로 바뀌어 있었습니다. 그러면서 "서울대학교 가고 싶은데 수학 때문에 미칠 것 같아요. 수학을 포기해야 할 것 같아요"라며 울었습니다. 그래서 내

가 말했습니다.·

"해보고 후회할래? 안 해보고 후회할래? 하루 시간 줄 테니까 다시 생각해 봐."

경북외고 학생들은 기숙사 생활을 해야 했지만, 미령이는 기숙사 생활을 좋아하지 않아서 방학 때는 학교에 양해를 구해 집에서 공부했습니다. 그러던 중 아이가 수학 과외를 받고 싶다고 해서 고1 겨울방학부터 수능 보기 전까지 수학 과외를 시작했습니다. 그때의 과외 선생님이 아이에게 잘한다고 칭찬을 많이 해 주어서 미령이는 자신감을 얻었고, 1년 만에 모의고사에서 수학 1등급을 받을 수 있었습니다. 이후 지인을 통해 과외 선생님을 구해서 고3 때까지 도움을 받았습니다. 이런 식으로 공부해서 국영수 모두 1등급을 받았습니다. 하지만 고3 때 2~3등급이 나올 때도 있었습니다.

미령이는 잠이 많아서 평균 7시간은 자야 했습니다. 방학 때 집에 와서 공부할 때는 12시간을 자서 속을 태우기도 했습니다. 하지만 수능 100일을 앞두고는 계속 4시간만 자면서 수능 당일 시간표 모드로 생활했습니다.

아이의 대입 준비 도와주기

학교 내신도 잘 안 나오고 모의고사 점수도 좋지 않을 때 일반 고등학교로 전학시킬까 하는 고민을 많이 했습니다. 미령이가 다른 아이들의 내신을 위해 깔아 주는 존재가 되는 것을 원치 않았으니까요. 하지만 결국 일반고로 전학시키지 않기로 결정을 했는데, 이유가 있었습니다.

일단 경북외고의 면학 분위기가 참 좋았습니다. 교내 프로그램도 마음에 들었고요. 또 학생들이 전반적으로 괜찮아서 미령이가 학교 생활에 만족했습니다. 초등학생 때 친구들과 안 맞아서 고생했던 기억이 있어서 다시는 그런 일을 겪게 하고 싶지 않았습니다. 게다가 미령이가 공부 잘하는 아이들과 함께 학교에 다니는 것도 마음에 들었습니다.

아이가 많이 노력한 덕분에 내신이 많이 오르고 모의고사 점수도 좋게 나왔지만, 서울대학교에 합격할 것이라는 확신은 없었습니다. 그래도 연·고대는 수시로 합격할 수 있을 거라고 생각했습니다. 1학년 때부터 반크 활동을 비롯하여 학교의 모든 활동에 다 참여했고 결과도 좋았습니다. 경시대회에도 열심히 참여했습니다. 고등학교 2학년 때는 교내 일본어 말하기 대회에서 우승해 부상으로 9박 10일 일본 여행을 다녀오기도 했고, 3학년 때 참가한 골든벨에서는 49번 문제에서 떨어지며 2등을 해 유럽 여행을 다녀오기도 했습니다.

미령이는 "엄마, 이왕 태어난 거 최고의 대학교에서 공부하고 싶어"라고 말하며 서울대학교라는 목표 지점을 향해 꾸준히 공부했습니다. 고1 때 4등급이었던 내신은 고3 한때 1.2등급까지 오르며 상향 곡선을 그렸습니다.

미령이는 초등학교 고학년 때부터 하루도 빠지지 않고 다이어리를 썼는데, 이런 것도 아이의 멘탈 관리에 도움이 되지 않았나 생각합니다. 무슨 내용을 쓰는지 궁금해서 하루는 아이 몰래 읽어 봤는데, 별 내용은 없었습니다. 다만 꾸준히 무언가를 한다는 것 자체가 아이의 인내력과 성실함을 키워 주었다고 봅니다. 끝까지 포기하지 않았던 끈기가 서울대학교에 합격한 원동력이 되었던 거죠.

서울대학교 입시를 준비하는 과정에서 「아로리」라는 서울대학교 온라인 잡지를 보았는데, 그 잡지를 보면서 서울대학교는 고1 때부터 내신을 좋게 유지하면서 고르게 공부하는 학생을 원하는 것 같았습니다. 미령이처럼 공부를 못하다가 꾸준히 성적을 올리는 역전형 아이는 원하는 것 같지 않았어요. 그래서 서울대학교 수시는 힘들 것 같아서 정시로 지원하기로 마음먹었습니다. 그래도 혹시나 하는 생각에 서울대학교 수시에 지원했지만, 역시 떨어졌습니다. 고려대학교는 언어학과 수시 1차에 붙었는데, 괜히 면접 봤다가 붙을 것 같아서 면접을 보지 않고 수능에 집중했습니다.

결과적으로 수능에서 수학 1개, 국어 2개를 틀리고 서울대학교에 합격했습니다. 그런데 나는 국어를 2개 틀렸다는 사실이 놀라웠습니다. 최상위권 대학 입시를 좌우하는 것은 국어입니다. 최상위권 대학에 못 가는 아이들은 대부분 국어 때문에 못 간다고 보면 됩니

다. 수학은 한번 어느 정도의 수준에 오르면 잘 안 떨어지는데, 국어
는 쉽지 않은 것 같습니다.

아이가 열심히 하는데도 성적이 안 올라 힘들어할 때면 아이를
위해 유튜브에서 좋은 강연을 찾아 들으며 좋은 글귀를 메모해서 모
아 두었다가 아이에게 보내 주기도 하고, '힘들 때 극복하는 방법'이
나 조남호의 '왜 공부해야 하는가' 동영상, 또 공부할 때 힘들고 잠이
오면 커피를 씹어 가며 공부했다는 내용이 담긴 EBS 이지영 선생님
의 동영상 등을 보고는 나중에 아이에게 보여 주기도 했습니다. 특
히 기숙사에서 집에 오는 주말에 아이를 태워 집에 오는 길에 동영
상을 준비해 놓았다가 틀어 주었습니다. 그럴 때 아이는 "엄마, 그거
꺼. 듣기 싫어"라며 질색했지만, 나도 지지 않고 매번 다른 동영상을
틀어 주었습니다. 그러면 아이도 무의식적으로 귀를 기울이고는 했
습니다.

입시에는 아이 공부, 엄마 공부가 따로 없는 것 같습니다. 나는
EBS에서 하는 면접 강의도 듣고 한국사 공부도 했습니다. 한국사가
쉽게 나온다는 사실을 알고는 아이에게 한국사 공부 너무 열심히 하
지 말라고 하기도 했습니다. 학원 설명회를 듣고 책을 읽으면서 입
시 제도를 이해하고 아이에게 관련 정보를 알려 주기도 했습니다.

고3 때는 마음 수양을 위해 아이와 함께 1박 2일 템플 스테이에
가기도 했습니다.

미령이가 수능을 치를 때 경북 지역에 지진이 일어나서 시험이

일주일 연기되었는데, 그렇게 얻게 된 일주일 덕분에 아이가 굉장히 좋아했습니다. 하늘과 땅이 자신에게 준 기회라며 문제집을 15만 원어치 사다가 일주일 만에 다 풀었습니다.

미령이는 모의고사 점수보다 수능 점수가 더 좋았습니다. 시험을 치르는데 크게 떨리지 않아서 자신 있게 임했다고 해요. 어렸을 때부터 아이가 대범해지라며 등을 떠밀어 무대에 올리고 다양한 대회를 경험하게 한 것이 수능 치르던 날 떨지 않고 자신의 능력을 최대치로 발휘하게 한 원동력이었다고 자신합니다.

어떻게 보면 부모 욕심이라고 할 수도 있지만, 나는 미령이가 어릴 때부터 나중에 써먹을 수 있는 것이라면 무엇이든 경험하게 하고 싶었습니다. 물론 경험과 지식을 곧바로 써먹을 수 있는 것은 아닙니다. 아이의 안에 내재된 힘이 당장에는 보이지 않을 때가 많습니다. 그럴 때 실망하지 않고 계속 챙겨 주는 것이 엄마의 역할이라고 생각합니다. 아이는 엄마의 관심과 사랑을 먹고 자라니까요.

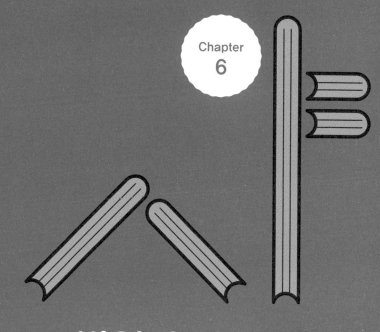

Chapter
6

방임과 관리

그 사이

학부모 정유미(가명)

학생 박태현(가명) 서울대학교 사회과학대, 영동고등학교, 일반전형

태현이는 우리 부부가 결혼한 이듬해에 태어났습니다. 허니문 베이비였어요. 아이를 가졌을 때 내가 석사 과정에 있어서 내 공부를 한 것 외에는 특별히 태교랄 것이 없었습니다.

아토피를 앓았는데 좋아졌다 나빠졌다 하다가 다섯 살 때는 허벅지까지 번질 정도로 심해졌습니다. 나를 닮아 예민한 편인 데다 아토피 때문에 잠을 제대로 못 자서 더욱 예민했습니다. 입이 짧아서 밥을 먹이는 일도 쉽지 않았어요. 지푸라기라도 잡는 심정으로 별의별 것을 다 해 보았지만 별 효과를 보지 못했습니다. 때마침 남편이 제주도로 발령이 나서 다섯 살 때부터 여섯 살까지 제주도에서 보냈는데, 그 시기에 아이의 아토피가 많이 나아지기는 했습니다.

아토피 치료에 집중하느라 태현이 교육에 크게 신경 쓰지 못했고, 다른 아이들처럼 활발하게 뛰어놀지도 못했습니다. 그래서 여느 아이들보다 출발이 조금 늦지 않았나 생각합니다. 하지만 많은 것을 극복하고 결국 뜻을 이루었습니다.

조금 늦어도 괜찮아

　태현이는 성격이 활발한 편이 아니었고, 아토피 때문에 주로 집에서만 지내야 했기 때문에 책을 읽는 것이 거의 유일한 놀이였습니다. 동물도감과 전래 동화를 비롯한 이야기책을 사서 읽어 주었고, 내가 영어영문학을 전공해서 나름 영어 교육에도 신경을 썼습니다.

　세 살 때쯤 문진미디어라는 출판사에서 영어 그림책을 수입해서 판매했는데, 카세트테이프가 포함되어 있어서 같이 듣고 읽으며 시간을 보냈습니다. 그럴 때 아이는 높은 집중력을 보였어요. 하루는 거의 2시간 가까이 책을 읽어 주는데 싫어하는 내색도 없이 집중하고 있어서 놀란 적도 있습니다. 둘째를 임신하고 태어날 때까지 약 1~2년 동안 족히 300권은 읽었던 것 같습니다.

　엄마인 나는 문과 성향이 강하고 공간지각력이 부족합니다. 그런데 아들은 엄마를 닮는다는 말을 어딘가에서 듣고는 걱정이 되었습니다. 그래서 태현이의 기질을 바꾸고 싶은 마음에 '프뢰벨 가베' 교육을 받도록 했습니다. 비용이 많이 들어서 남편한테는 말도 하지 않고 몰래 했어요. 태현이가 무척 재미있어 해서 나도 만족스러웠지만, 결국 연말 정산을 할 때 들통이 났고 어린아이 교육에 비싼 돈을 들인다고 남편과 다투기도 했습니다. 남들은 영어 유치원도 보내는데 그에 비하면 저렴했기에 많이 개의치는 않았습니다.

　태현이는 손을 빠는 습관이 있었습니다. 하지만 못하게 하지는 않았어요. 성장 과정에서 나타나는 자연스러운 행동이라고 생각했습니다. 그런데 아이가 감기에 자주 걸리는 거예요. 아무래도 손을 빠는 습관 때문인 것 같아 조심스럽게 말했습니다.

"태현아, 손을 빨면 목이 붓고 감기에 걸리니까 손을 빨지 않으면 안 될까?"

그런데 그날 저녁 태현이가 손을 머리맡에 둔 채 옆으로 누워 자고 있는 거예요. 제 나름 습관을 고치려고 노력하는 모습이 정말 예뻤습니다. 물론 그 뒤로 손을 빨지 않았어요. 태현이는 집중력이 높아서 한 가지에 파고드는 성향이 강한데, 어릴 때부터 그런 모습을 자주 관찰할 수 있었습니다.

아토피 때문에 다른 아이들보다 늦게 어린이집에 보냈습니다. 남편 직장에 딸린 어린이집이었는데, 원장님과 선생님 모두 명문대 출신이었어요. 그래서인지 아이들의 학습에 대한 기대치가 매우 높았습니다.

아이는 한글을 모를뿐더러 놀이를 별로 해보지 못해서 오려 붙이기 등을 할 때도 잘하지 못했습니다. 선생님들은 아이를 어떻게 교육시켰기에 가위질도 제대로 못하느냐는 듯한 반응을 보였고, 태현이를 매우 늦은 아이로 생각하는 것 같았어요. 아이들 사이에서는 한두 달의 경험 차이가 크게 나타납니다. 특히나 태현이는 아토피 때문에 집에서 지내느라 친구들과 어울려 놀 기회가 많지 않아 사회성이 떨어진 것이 사실이에요. 그리고 내가 미리 한글 교육을 시켜

공부 '만' 잘하는 아이보다는 공부 '도' 잘하는
아이로 키우기 위해 엄마들이 노력해야 합니다.
당장의 점수 때문에 인성 교육을 등한시해서는
아이가 행복한 사람으로 성장할 수 없습니다.

서 어린이집에 보낸 게 아니어서 한글도, 숫자도 잘 몰랐습니다.

속이 상하지 않았다면 거짓말이지만, 크게 신경 쓰지 않으려고 노력했습니다. 사람의 지적 능력은 한 번에 결정되는 것이 아니라 다양한 활동과 경험이 맞물려 꾸준히 발달하는 것이라고 생각했으니까요. 그리고 나는 태현이가 영악한 아이보다는 곧은 아이가 되기를 바랐어요. 그래서 아이의 교육과 학습을 서두르지 않았습니다. 나중에 유치원도 학습보다는 예의범절과 인성 교육을 중시하는 곳으로 보냈습니다.

그런데 어린이집에서 있었던 이야기를 듣고는 친정어머니가 속상해하셨습니다. 나를 키울 때는 공부하라는 소리 한 번 안 하셨던 분이 손자는 두고 볼 수 없었던 모양입니다. 그날 이후로 내가 둘째를 돌보는 동안 친정어머니가 태현이를 데리고 다니며 자동차 번호판이나 간판 등에 새겨진 단편적인 글자와 숫자를 가르치기 시작했습니다. 한 1년 정도 '외할머니표 학습법'이 이어졌습니다.

태현이를 환골탈태시킨 미국 생활

남편이 직무 연수로 1년 동안 해외에 나갈 기회가 생겼습니다. 다시 한국에 돌아와서 한 학년을 낮출 생각으로 1년 일찍 아이를 초등학교에 입학시켰습니다.

미국에 가기 전에 특별히 영어를 준비시키지는 않았습니다. 어린이집과 유치원에서 배우고 나와 함께 공부한 것이 전부였습니다. 카세트테이프를 들으며 그림책을 보거나 익숙한 단어와 그림을 맞추는 정도에 불과했습니다. 그래서 처음에는 미국 생활을 힘들어했습니다.

미국 학교에서는 ESL 수업으로 시작했습니다. 듣기만 하고 말을 할 줄 모르는 시간이 약 6개월 정도 이어졌습니다. 그러다가 8개월이 지났을 때부터 한꺼번에 말문이 터졌고, 쓰기도 잘하기 시작했습니다. 그나마 어릴 때부터 영어와 친숙한 환경에서 지낸 것이 도움이 된 것 같았습니다.

미국의 중학교와 고등학교에서 교사를 하다가 퇴직한 미국인 할머니를 과외 선생님으로 소개받았습니다. 처음에 그 선생님은 단순한 연습 문제를 내고 풀도록 하는 방식으로 태현이를 가르쳤습니다. 내가 성에 차지 않아서 아이가 책을 읽고 요약을 해서 가져오면 봐달라고 부탁했어요. 할머니 선생님은 그리 달가워하지 않았지만, 밀어붙였습니다. 아이는 그때 처음으로 책을 읽고 문답을 통해 내용을 확인하며 미리 써 간 서머리를 첨삭 받는 공부 방법을 시작했습니다. 『매직 트리 하우스』 시리즈로 시작했는데, 다행히 아이가 그 이야기를 좋아해서 잘 진행되었습니다. 더불어 태현이의 영어 실력도 쑥쑥 늘었습니다. 미국에서는 다른 일로 스트레스 받을 일이 별로 없어서 태현이는 아이들과 잘 지냈고 사회성도 크게 좋아졌습니다.

미국에서 돌아와 2학년으로 들어갔습니다. 1년을 늦추어서 그런지 다른 아이들과 비교하면 형 같은 느낌이 났어요. 미국에 다녀오기 전에는 동네 친구 없이 유치원 아이들과 어울리는 것이 전부였는데, 이후로는 아이들이 형이나 오빠 같은 태현이를 따르다 보니 자연스럽게 리더십도 생긴 것 같았습니다. 흔히 말하는 '인싸'가 된 거예요. 3학년 때는 반장도 했습니다.

사실 한국으로 돌아올 때 아이를 몇 학년으로 편입시키느냐를 두고 남편과 이견이 있었습니다. 남편은 왜 멀쩡한 아이를 3학년이 아니라 2학년에 보내느냐면서 반대했습니다. 그래서 싸우기도 했어요. 하지만 나는 고집을 꺾지 않았습니다. 결과적으로 2학년으로 편입한 것이 옳은 선택이었습니다. 앞서 이야기한 대로 태현이는 한 해 일찍 초등학교에 들어가서 사실 제 학년으로 돌아간 셈이었어요.

엄마표 영어 공부법

미국에서 돌아온 뒤 두뇌 발달에 좋다는 다양한 보드 게임을 사

■ 태현이의 영어 자율 학습 노트. 상단 왼쪽이 『허클베리 핀의 모험』, 상단 오른쪽이 『나니아 연대기』, 하단이 『초원의 집』이다.

주고, 국어 글쓰기 학원과 시매스 사고력 수학 학원에 다니게 했습니다. 뿐만 아니라 요리와 미술, 첼로, 중국어, 태권도 등 이것저것 많이 시켰습니다. 어렸을 때 집에만 있느라 못해 본 것들을 보충이라도 하듯 무리를 한 편이었어요. 다행히 태현이는 새롭고 다양한 경험을 즐겁게 받아들이고 잘 따라 주었습니다.

한국으로 돌아온 뒤 가장 고민한 부분은 미국 생활에서 쌓은 태현이의 영어 실력을 어떻게 향상시킬까 하는 문제였습니다. 그래서 생각해 낸 것이 폴리어학원과 청담어학원에 다니면서 미국에서의 할머니 과외 선생님과 화상 채팅을 하는 것이었어요. 태현이와 둘째 아이 둘 다 미국에서와 똑같은 방식으로 약 1년 반 동안 원거리 영어 공부를 했습니다.

영어 원서도 읽혔습니다. 아이가 2학년이었을 때 『해리 포터』 시리즈가 유행했는데, 내가 보기에는 내용이 그다지 좋지 않다는 생각이 들어서 대신 『나니아 연대기』와 『초원의 집』 시리즈를 비롯하여 『이상한 나라의 앨리스』, 『톰 소여의 모험』, 『허클베리 핀의 모험』 등의 고전 원서를 읽도록 했습니다. 한 문장, 한 문장 분석하면서 읽는 것이 아니라 모르는 부분이 있더라도 전체적인 이야기의 흐름을 파악하면서 읽도록 진행했습니다. 이런 식으로 다양한 책을 읽었고, 아이의 영어 실력도 급격히 향상되었습니다.

물론 내가 시켜서 한 것도 있지만, 아이가 책을 좋아해서 큰 갈등 없이 잘 따라 주었던 것 같습니다. 이런 식의 공부가 종합적으로 영어 실력을 향상하는 데 도움이 되었고, 5학년 때는 청담어학원의 최고 수준까지 올라갔습니다. 그때 영어는 거의 끝냈다고 생각했습니다.

한창 자랄 때는 공부보다는 운동

한국에 돌아와 대전에서 살다가 남편이 서울로 발령이 나면서 대치동으로 이사했습니다. 굳이 대치동에 자리를 잡은 것은 나의 경험 때문이었습니다.

대학교에 들어갔을 때 같은 과에 대치동 출신들이 많았는데, 그 친구들은 같은 시간을 공부하더라도 좀 더 효율적으로 하는 거였어요. 공부하는 방법을 안다고 할까요? 고등학교 다닐 때는 몰랐는데 대학에 가서야 학원의 힘이 중요하다는 사실을 깨달은 거였습니다. 그때 받았던 대치동에 대한 인상이 그곳에서 아이를 키우고 싶다는 마음을 갖게 했습니다. 그리고 내가 가져 보지 못한 것에 대한 아쉬움을 아이들에게는 경험하도록 해 주고 싶다는 마음도 컸습니다.

서울에 온 뒤로 처음에는 청담어학원과 시매스 사고력 수학 학원에 그대로 보냈습니다. 그런데 하루는 태현이가 친구들은 수학 선행을 하고 심지어 고등학교 수학도 공부하는데 왜 나는 사고력 수학 같은 걸 해야 하느냐며 선행 학원에 보내 달라고 보챘습니다. 태현이는 공부에 관한 한 승부욕이 강한 아이였습니다.

그래서 시매스 학원의 원장님과 상의한 끝에 일주일에 한 번 정도 다니면서 중학교 1학년 때까지 중학교 과정을 끝냈습니다. 다른 아이들은 5학년 때 중학교 과정을 끝낸다는데 나는 그렇게 하고 싶지 않았습니다. 논리력이 좀 더 발달했을 때 집중해서 하는 것이 더 낫다고 생각했어요.

그리고 큰 문제가 없는 한 한 번 시작한 프로그램을 완수하는 것이 중요하다고 생각했습니다. 이 학원 저 학원 옮겨 다니기보다는 같은 학원에 꾸준히 다니면서 무언가를 완결 짓도록 하고 싶었습니다. 그렇게 아이는 초등학교 2학년부터 중학교 1학년 때까지 시매스 학원의 프로그램을 완수했습니다. 선행을 많이 하지 않았지만, 나중에 본격적으로 수학을 공부하는 데 이때의 경험이 큰 도움이 되었다고 생각합니다.

그리고 수학 선행을 시키지 않은 또 다른 이유가 있습니다. 우리 부부의 양쪽 집안 모두 키가 작은 편이었어요. 나는 태현이가 최소한 평균 키로 자랐으면 했습니다. 공부량이 많아서 아이가 스트레스를 받고 수면이 부족하면 키가 크지 않을까 봐 그랬던 겁니다. 그래서 공부보다는 운동을 시키고 잠을 푹 재우려고 했습니다. 태현이에게 초등학교 때 공부 덜했다고 해서 대학 가는 데 크게 문제가 되지는 않겠지만, 한창 자랄 때 시기를 놓치면 키가 자라지 않는다고 얘기했더니 아이도 받아들였습니다.

아이가 청담어학원은 대전에서 다닐 때보다 좋지 않고 별로 도움이 되지 않는다고 해서 5학년 말에 그만두었습니다. 그때 엄마들 사이에 유명했던 PEAI 어학원, 렉스킴 학원, ILE 학원 어디에도 보내지 않고, 영어는 일주일에 한 번 에세이 학원에 보내는 것으로 만족했습니다. 그리고 첼로를 계속 시켰고, 스쿼시와 줄넘기, 스트레칭 등의 운동을 꾸준히 시켰습니다.

대치동의 입시 설명회에서 얻은 수확

다행히 아이는 대치동에 잘 적응했습니다. 엄마의 바람대로 반에서 키가 제일 컸고, 아이들과도 잘 어울렸습니다. 선행을 깊이 안 했는데도 친구들이 수학에 관해서 물어보면 곧잘 가르쳐 주어서 공부 잘한다는 인상도 주었습니다. 교내 수학 경시대회에 나가서 상도 받았습니다.

당시 또래 중에 영재학교를 준비하는 아이들이 많았습니다. 이 아이들은 외부에서 주최하는 경시대회에 나가서 상을 타고는 했어요. 공부에 관한 한 지고 싶지 않았던 태현이는 그 친구들이 부러웠던지 나중에 영재학교에 보내지 않은 나를 원망하기도 했습니다. 하지만 대학생이 된 뒤에는 태현이도 만약 5학년 때부터 선행을 하고 영재학교 준비를 했다면 아마 고등학생 때 지쳐서 더 이상 공부를 못했을 거라고 하더군요.

만약 아이가 어린이집 다닐 때처럼 주변으로부터 매우 늦은 아이 취급을 받았다면 나도 좀 더 신경을 썼을 거예요. 하지만 대전에서 올라와 최상위권 아이들이 몰려 있다는 대치동에서 그 정도 하면 됐다고 생각해서 주위 아이들처럼 심하게 공부시키지는 않았습니다.

5학년 이후로는 책보다 신문을 많이 읽게 했습니다. 문학 작품이 정서 발달에 도움이 되지만 어릴 때 많이 읽혔으니 그 정도 했으면 충분히 읽었다는 생각이 들었고, 논리적 사고력을 키우기 위해서는 정보를 얻을 수 있는 신문이 더 낫다고 생각했기 때문입니다. 다행히 태현이는 자기 수준에 맞는 신문 기사를 찾아서 잘 읽었습니다. 신문을 읽은 이후로 어휘력 수준이 달라졌습니다.

당연한 말이지만, 대치동으로 이사했을 때는 아는 엄마가 아무도 없었습니다. 당시 나의 중요한 하루 일과 중 하나가 신문에 끼워져 오는 학원 광고지를 보고 어디서 어떤 설명회가 열리는지, 어떤 학원이 있는지 파악하는 것이었습니다. 나중에 필요할지 몰라서 학원 광고지를 분류해서 모아 놓기도 했습니다. 지금이야 인터넷 카페 등의 커뮤니티가 잘 형성되어 있어서 어느 정도 정보가 공유되지만, 그때만 해도 광고지를 통해 접하는 학원 정보가 대단히 중요했습니다. 당시 엄마들 사이에 유명했던 '대치동 S 코치'가 대치동 학원가의 전단지를 지방의 엄마들에게 발송하는 일을 한다는 말이 있었을 정도였으니까요.

그렇게 학원의 입시 설명회에 가도 처음에는 도무지 무슨 말을 하는지 알아들을 수가 없었어요. 계속 듣다 보면 언젠가는 귀가 틔겠지 하는 생각으로 무작정 참석했습니다. 그래도 첫 설명회에서 성과가 없었던 것은 아닙니다. 그 전까지는 태현이가 어떤 쪽으로 발달해 있는지 구체적으로 생각해 본 적이 없었는데, 아이가 미래에 전공할 학과를 고민하면서 태현이가 유독 경제 기사에 관심이 많았던 것을 떠올렸습니다. 그래서 처음 입시 설명회를 찾았던 원인학원의 원장님과 인연이 닿아 태현이가 민족사관고등학교 준비할 때나 태셋* 준비할 때 도움을 많이 받았습니다.

◆ TESAT, 한국경제신문이 주관하는 국가 공인 경제 시험

영재학교는 신중히

아이는 D중학교에 진학했습니다. 6학년 때 교과 중심 학원에 다니지 않는데도 첫 시험에서 3등을 했습니다. 첫 시험에서 인정을 받으니까 아이가 내신에 더 욕심을 냈습니다. 시매스 학원은 중학교 1학년 때까지 다니다가 겨울 방학부터는 힘들다고 소문난 김민정 막강수학에 보내기 시작했습니다. 영재학교를 준비하는 학원은

아니지만, 고등학교 선행을 하기에 좋다는 아이 친구 엄마의 추천을 받고 찾아간 곳이었습니다. 중1 때 키가 172cm로 이만하면 평균 키는 되겠다 싶었고, 성적도 어느 정도 되니 수학을 조금 더 시켜도 되겠다는 생각이 들었습니다.

이후로 2년 동안 아이는 수학 공부를 정말 열심히 했습니다. 학원에서도 매우 고난도 문제까지 밀도 있게 가르쳐 주었습니다. 그 2년 동안 고등 수학은 거의 끝냈습니다. 영어는 6학년 때 에세이 학원 잠깐 보냈다가 중학교 1학년 겨울 방학 때 토플 학원에 3개월 보냈는데 토플 점수가 110점 이상 나와서 영어는 마무리가 되었다고 생각했습니다. 돌이켜보면 태현이는 고등학교 때보다 중학교 다닐 때 더 열심히 공부했습니다. 밥 먹는 시간 빼고는 공부만 한 것 같아요. 과학은 중학교 2학년 때까지 혼자 공부하면서 모르는 게 나오면 아침 일찍 학교에 가서 선생님께 물었습니다. 중3 때는 인터넷 강의를 들으며 공부했고요.

태현이에게도 사춘기가 찾아왔습니다. 많이 예민해지고 때때로 어두워지기도 했습니다. 초등학교 다닐 때만 해도 같이 놀던 친구들이 학년이 올라가면서 경쟁 상대가 되니까 더 이상 예전의 친구 관계를 유지할 수 없었고, 공부 스트레스도 이만저만 아니었나 봅니다. 남자 중학교이다 보니 아이들 행동도 거칠었습니다. 외향적인 면도 있지만 내성적인 성향이 강한 태현이는 남자 아이들 사이에 시비가 붙고 때때로 폭력이 일어나는 상황에 스트레스를 무척 많이 받았습니다.

그 무렵부터 태현이는 동네 아이들이 가는 D고등학교에 가고 싶어 하지 않았는데, 다른 이유도 있었습니다. 수학에 매우 뛰어난 아이들 때문이었습니다. 태현이는 많은 노력을 기울여야 심화 단계까지 갈 수 있었는데, 수학에 재능을 가진 아이들은 개념만 이해하고 곧바로 심화 단계로 넘어갔습니다. 그런 아이들이 대치동에 많았습니다. 그런 점들도 태현이에게는 스트레스였습니다. 그리고 한 학년 낮추어서 들어오고도 그 정도냐는 식으로 비아냥거리는 아이들이 있었습니다. 이런 사실을 나는 나중에야 알았습니다. 고등학교 졸업한 뒤에 그때 힘들었던 점을 털어놓아서 많이 놀랐습니다.

태현이와 내가 갈등을 겪었던 일 중 하나가 영재학교와 관련된 것이었습니다. D중학교는 영재학교에 학생을 많이 보내는 편입니다. 한 학급의 3분의 2가 잠정적으로 영재학교를 준비하고 있다고 봐도 무방할 정도입니다. 태현이는 영재학교 준비하는 아이들이 수학 올림피아드KMO에 출전해서 상을 받으면 그게 참 멋있어 보이고 부럽기도 했나 봅니다. 태현이가 수학을 잘하기는 했지만 굳이 영재학교를 준비하면서 해야 하는 어려운 수학을 공부하게 하고 싶지는 않았습니다. 아이가 문과 기질이 강하고 경제학에 관한 마인드가 풍부해서 경제와 관련된 전공이 딱 맞는다고 생각했습니다. 그래서 태현이는 영재학교에 가고 싶어 했지만, 내가 반대했습니다.

영재학교 준비하는 아이들은 공부 스트레스가 워낙 심하다 보니

내 아이가 조금 뛰어나다고 해서 섣불리
영재학교 입시에 뛰어들어서는 안 됩니다.
영재학교 입시를 준비하는 과정은
일반 학교와 방향이 다르기 때문에
신중하게 접근해야 합니다.

학교에서 폭력적인 행동을 하는 경우가 많습니다. 겉으로 드러나지
않아서 그렇지 스트레스가 차오르다 못해 시한폭탄 같은 상태에 있는
아이들도 많습니다. 그리고 영재학교를 준비하기 위한 수학은 일반
내신이나 수능 수학과는 너무 달라서 영재학교를 준비했다가 떨어져
서 이도 저도 아닌 이상한 상황에 놓이는 사례도 많이 보았습니다.

그리고 나 역시 그처럼 힘든 상황을 끌고 갈 자신이 없었습니다.
일단 영재학교 준비를 시작하면 중간에 그만두는 경우는 드뭅니다.
아무리 힘들어도 중간에 그만두면 낙오자로 낙인찍힐 것이 두려워
엄마도 아이도 그냥 밀고 나갑니다. 한 번 발을 들이면 돌이키기 힘
든 선택입니다.

영재학교 준비했다가 떨어졌을 때의 부작용도 만만치 않습니다.
중학교 내내 수학만 한 탓에 일반고에 가서는 다른 과목의 내신이
잘 안 나오는 경우가 많습니다. 하지만 영재학교를 준비하는 동안에

는 멀리까지 생각을 못합니다. 당장 눈앞에 보이는 수학 올림피아드를 준비하느라 다른 생각을 할 겨를이 없습니다. 그래서 영재학교를 준비할 때는 정말 신중하게 생각해야 합니다.

민족사관고등학교에 떨어지다

처음부터 민사고에 보낼 생각은 아니었습니다. 태현이도 특별히 원하지 않았어요. 다만 중학교 2학년 중반까지 좋은 성적을 유지해서 민사고에 보내는 게 어떨까 생각하다가 자녀를 민사고에 보낸 엄마들이 추천해서 마음을 굳혔습니다. 그리고 아이에게도 목표가 생기면 더 좋을 것 같다고 생각했습니다.

민사고에 들어가기 위해서는 논술을 준비해야 했는데, 주위에 민사고 준비하는 아이들이 많지 않아서 학원 정보를 얻을 수가 없었습니다. 그래서 예전에 모아 놓은 광고지를 뒤지다가 눈에 띈, 그다지 알려지지 않은 학원을 찾아갔습니다. 그곳에서 6개월 동안 논술을 준비했는데, 태현이 말로는 글쓰기는 물론 글을 분석하는 방법, 도표와 그래프 해석하는 방법 등을 잘 가르쳐 주어서 실력이 많이 늘었고 나중에 서울대학교 면접을 볼 때도 많은 도움이 되었다고 했습니다. D중학교 최상위권 아이들 대부분이 영재학교를 준비해서 문과에 대한 정보가 없었는데, 운 좋게 좋은 선생님을 만난 것이었습니

유명 강사가 있는 이름난 학원이 반드시 아이에게
이로운 것은 아닙니다. 규모가 작고 그리 알려지지 않았더라도
아이와 궁합이 잘 맞는 학원이 있습니다.
아이가 편하게 다니고, 학원 선생님과 원만하다면
그곳이 아이에게 가장 좋은 학원일 수 있습니다.

다. 학원의 유명세나 인지도도 중요하지만, 이처럼 아이와 궁합이 맞는 학원이 가장 좋은 학원이 아닌가 생각합니다.

그리고 원인학원 원장님과 상담했더니, 강남 영재사관학원과 파인만학원에 민사고 준비하는 아이들이 많이 간다고 추천해 주었습니다. 파인만학원은 아이들이 너무 많아서 좀 더 작은 학원에 다녀야 선생님과 밀접해지지 않을까 해서 중학교 3학년 여름 방학부터 강남 영재사관학원에 보냈습니다. 대체로 중학교 2학년 겨울 방학부터 준비하는데 태현이는 많이 늦은 편이었습니다.

수학과 영어는 준비가 되어 있었고, 문과여서 과학은 선행할 필요가 없었습니다. 국어는 중학교 범위 내에서 출제되고, 선택 과목인 경제는 아이의 주종목이라고 할 수 있는 데다 태셋까지 공부했기 때문에 합격에 문제가 없을 것이라고 믿었습니다.

그런데 뜻밖에도 민사고 입시에 불합격했습니다. 성적도 괜찮았고 면접 분위기도 좋았다고 했는데, 도저히 영문을 알 수 없었습니

다. 한 가지 걸리는 일은 면접을 보면서 중학교 때 다른 아이와 말다툼했던 일화를 이야기했는데, 그게 갈등 요소를 지닌 아이로 판단하는 데 작용하지 않았나 하는 것입니다.

작은 경제학자

민사고에 떨어진 일이 아이에게는 큰 좌절이었습니다. 왜 민사고에 가라고 했느냐며 나를 원망하기도 했습니다. 태현이보다 내신이 한 등수 아래인 아이가 합격해서 더 힘들어했습니다. 학교에도 안 간다고 하고 친구들도 만나기 싫다고 했어요. 힘들어해서 나도 속상하기는 했지만, 크게 걱정하거나 심각하게 받아들이지는 않았습니다. 그저 빨리 이 시기가 지나가기만을 바랐습니다. 그때 아이를 달래며 이런 말을 해 주었습니다.

"공부라는 것이 지금 당장은 쓸모없는 것처럼 보이지만 언젠가는 도움이 돼. 네가 민사고 준비하면서 했던 공부도 언젠가는 빛을 발할 거야."

당시 내 말이 아이의 귀에는 들어오지 않았겠지만, 결국 내 말이 틀린 것은 아니었습니다. 서울대와 연세대, 고려대 입시를 치르면서 민사고 준비하는 동안 깊이 있게 공부했던 기하학의 도움을 많이 받았다고 하더군요.

시간이 약인지, 아이는 조금씩 안정되었고 중학교 3학년 겨울에는 뚜렷하게 할 것이 없다며 태셋을 열심히 했습니다. 사실 태셋 S등급을 받더라도 학생부에 기재할 수 없어서 입시에 도움이 된 건 아니었습니다. 그저 아이가 하고 싶다고 해서 내버려두었습니다.

그 무렵에 아이와 함께 입시 전형의 종류와 특성에 대해 이야기를 나누면서 서울대학교 일반전형에 맞을 것 같다는 의견을 말했습니다. 그래서 경제와 관련된 학과를 목표로 정하고 서울대 일반전형을 준비하기로 둘이 마음을 모았습니다.

태현이는 초등학교 시절부터 경제에 대한 생각이 남달랐습니다. 처음에는 이자와 이자율 같은 것에 관심을 갖더니 중학생 때는 경제 현상을 표나 수식으로 증명하려는 시도를 하기 시작했습니다. 아이는 이과보다는 사회과학적인 마인드가 강한데, 수학을 열심히 공부한 덕분에 이 두 가지를 결합해 보았다고 했습니다. 학교 백일장에서 '희생'을 주제로 글을 썼을 때도 '가난한 거지가 배고픈 교황에게 빵을 주는 것이 진정한 희생인가?'와 '엘리베이터에서 자신의 시간을 빼앗기며 다른 사람이 타기를 기다려 주는 것이 진정한 희생인가?'라는 내용을 다루었습니다. 그런데 아이는 이를 글로 적은 것이 아니라 수식으로 자신의 의견을 피력했습니다. 백일장에서 갑자기 생각난 것이고 시간제한이 있어서 완벽하게 정리를 못했다면서 시험공부를 해야 하는 기간이었는데도 집에 와서 꼬박 3시간 동안 매달렸습니다.

태셋 공부를 열심히 했던 것이 시발점이 되어 고등학생 때는 경제 올림피아드에 나가 상을 받았고, 한성손재한장학회의 한성 노벨 영·수재 장학생으로 선발되어 3년 동안 장학금을 받기도 했습니다. 그리고 고등학교 경제 수업 시간에 경제 논리를 2차 함수로 설명하고 교과서의 오류를 잡기도 해서 선생님들에게 좋은 인상을 주었고 학생부에도 잘 기재되어 대입에 도움이 되었다고 생각합니다.

영동고등학교의 좋은 점

고등학교에 가야 하는데 아이가 집에서 가까운 D고등학교에는 가기 싫어했습니다. 그러던 중 아이가 중학교 2학년 때 샤프론 봉사단(아이와 엄마가 같이 봉사 활동을 함)을 하면서 알게 된 분이 문과를 가려면 영동고등학교가 좋다고 추천해서 이 학교를 1지망으로 선택했습니다. 대치동 아이가 영동고에 지원하는 경우가 거의 없었고, 나 역시 영동고는 생각하지 않았습니다. 하지만 영동고를 추천한 분이 워낙 안목이 좋으신 분이었고, 문과로 진학해서 1등을 하면 서울대학교 진학하기 유리할 것이라고 생각해서 담임 선생님의 만류에도 밀어붙였습니다.

당시 나는 서울대학교 지역균형선발전형(지균형)을 목표로 하지 않았습니다. 태현이가 공상가 기질이 다분하고 엉뚱한 면이 있어서 면접 때 모범 답안을 말하는 스타일이 아니기 때문이었습니다. 아이도 모범 답안이 무엇인지 알지만 스스로 솔직하지 않다고 판단해서 자신의 생각을 있는 그대로 말하는 것 같습니다. 그래서 나는 태현이가 서울대 지균형에는 어울리지 않는다고 생각했습니다. 남편과 나는 아이가 인성적으로 나빠지지만 않는다면 원하는 것을 시킨다는 교육관을 갖고 있습니다. 그래서 정해진 길에 아이를 끼워 넣는 식으로 정형화시키고 싶지 않았습니다.

다행히 영동고는 대치동에 비해 상대적으로 경쟁이 덜했고, 탁 트인 곳에 위치하고 있어서 아이가 학교를 좋아했습니다. 또 선생님들이 젊은 편이어서 권위적이지 않고 공부 잘하는 아이 중심으로 수업과 비교과 활동을 진행하지 않아서 아이가 심적으로 편안해했습니다. 태현이는 어릴 때 자신이 매우 늦은 아이 취급을 받았던 사실을 또렷하게 기억하고 있어서 그런지 공부 못하는 아이들을 무시하지 않았고, 성적이나 점수를 친구 사귀는 기준에 두지도 않았습니다. 그래서 대치동을 그리 좋아하지 않았던 거예요. 대치동은 성적에 의해 계층화가 되어 있었거든요. 공부 못하는 친구가 있으면 "넌 공부를 못하는 게 아니라 안 해서 성적이 안 좋은 것뿐이야"라고 말해 주어서 그 친구들 엄마들이 고마워하기도 했습니다.

엄마들 모임 또한 대치동 엄마들 모임과는 달랐습니다. 엄마들이 모여도 대놓고 아이들 공부에 대해서 이야기하지 않았어요. 오히려 다 같이 모였을 때는 아이들 공부에 대해서 말하는 것을 꺼리는 분위기였습니다.

영동고는 교내 활동이나 프로그램이 문과적으로 발달된 '문과형 학교'였습니다. 대부분의 자율형 사립고가 이과에 치중하는 것과는 달랐어요. 그래서 그런지 보통의 남자 고등학교에 비해 교내 활동이 상대적으로 많았습니다. 최상위권 아이들만 열심히 공부하기 때문에 중상위층이 두텁지 않았지만, 영동고는 교내 활동에서 공부 잘하는 아이를 밀어 주는 일이 없었어요. 공부 잘하지 못해도 교내 활동 열심히 해서 상을 받는 아이들도 많았습니다. 한 마디로 참 '인간적인 학교'였습니다.

시험과 비교과 활동, 이것은 전쟁이야

아이가 1학년 때는 엄마들 모임에 잘 나가지 않았습니다. 그때까지만 해도 비교과 활동의 중요성을 제대로 알지 못해서 친한 분이 같이 하자고 하면 따라가는 정도였습니다. 그러던 중 태현이가 학생회 활동을 하고 선배 엄마들과 함께 학생회 일을 많이 도우면서 교내 대회에 대한 조언을 많이 듣게 되었습니다. 이런 식으로 비교과 활동을 준비해서는 안 되겠다는 생각이 들어 여러 엄마들과 내가 알아낸 정보를 공유하고 의지하면서 적극적으로 준비했습니다. 간혹 어떤 엄마들이 트집을 잡기도 했지만, 다행히 아이 친구 엄마들과는 큰 갈등 없이 잘해 나갔습니다. 대회를 준비할 때도 처음에는 둘이서 시작했다가 한 명씩 한 명씩 우군이 늘어나면서 일이 잘 진행되었습니다. 그렇게 아이가 2학년 때부터는 엄마들 모임을 주도적으로 끌고 가며 아이들이 비교과 활동을 잘 준비할 수 있도록 열심히 도왔습니다.

1학년 때는 교내 영어 논술 경시대회, 수학 경시대회, 경제 경시대회 등에 개인 활동 중심으로 참가했고, 2학년 때는 단체에 소속되어 모의재판 등의 비교과 활동에 참여했습니다.

1학년 때부터 교과든 비교과든 일단은 다 한다는 생각으로 열심히 준비했습니다. 교내 비교과 활동에 어떤 것이 있는지 내가 알아보고 아이에게 권하는 형식이었습니다. 영어나 수학과 같이 학습과 관련된 활동은 아이 스스로 준비할 수 있었지만, 경제 상식 대회처럼 따로 준비를 해야 하는 대회나 활동은 자료가 많이 필요하기 때문에 내가 기출 문제나 자료를 찾아 주었습니다.

또 모의재판을 한다고 하면 여러 가지 주제와 다양한 자료를 찾아본 뒤 아이에게 알려 주고 어떤 주제를 다루는 것이 좋을지 추천하기도 했습니다. 같이 준비하는 아이들에게도 구글 독스를 통해 자료를 공유하게 하고 토론 자료를 수정하도록 도왔습니다. 그렇게 하면 굳이 만나지 않아도 서로의 시간을 쪼개어 효율적으로 준비할 수 있으니까요. 자료가 완성되면 남편을 비롯하여 아이 아빠들이 검토하게 하는 등 가족 모두가 참여하도록 유도했습니다. 학원의 도움을 받을 수도 있었겠지만, 비교과 활동에 투자할 시간이 부족한 상황에서 학원의 도움을 받으면 돈은 돈대로 들고 학원을 오가며 피드백을 받아 수정하는 등의 과정에 시간을 많이 빼앗길 것 같아 학원의 도움은 받지 않았습니다. 그래서 아이들이 시간을 효율적으로 활용하도록 밑그림을 그리는 작업에 부모들이 도움을 주었던 것입니다.

물론 교내 비교과 활동을 준비하면서 아이와 많이 다투기도 했습니다. 일반적으로 교내 활동이나 경시대회는 시험과 시험 사이에 있습니다. 아이는 시험이 끝난 뒤에 한숨 돌리려고 하는데 엄마가 다시 비교과 활동을 준비하라고 닦달하니, 갈등이 생길 수밖에요. 나라고 왜 아이가 놀고 싶어 하고 쉬고 싶어 하는 마음을 모르겠어요. 하지만 시험 끝나는 날 준비를 시작해야 비교과 활동과 교내 경시대회를 제대로 준비할 수 있기 때문에 어쩔 수 없었습니다. 아이도 상황이 그렇다는 건 알고 있었지만 한숨 돌릴 새도 없이 또 다시 무언가를 해야 한다는 압박감에 짜증과 화를 냈던 것이지요.

하지만 다행히 내가 시켜서 한 비교과 활동의 결과가 그런대로 괜찮았고, 그러면 아이의 마음도 풀어졌습니다. 그렇게 시험과 비교과 활동을 끝낸 다음에는 학교 다녀와서 좋아하는 영화를 몇 날 며칠이고 보아도 내버려두었습니다.

한국 지리에 덜미를 잡히다

영동고에 들어가서 치른 첫 중간고사에서 아이는 전교 3등을 했습니다. 중학생 때 내신 대비해서 했던 양만큼 공부를 했다고 했습니다. 기말고사 때도 비슷한 공부량으로 준비했는데 그때는 전교 10등을 했습니다.

이 무렵에 학원 원장님으로부터 일반전형으로 가려면 내신은 어느 정도만 하고 수학 공부에 치중하는 것이 좋다는 말을 듣고 한동안 수학 미적분에 거의 올인했습니다. 1학년 2학기 때는 내신에 투자하는 비중을 높여야 하는데, 오히려 중학생 때보다 내신에 투자하는 시간이 더 적었습니다. 걱정이 되어 "그래도 내신이 중요한데 내신 공부하는 양을 늘려야 되지 않겠니?"라고 말했지만, 아이는 자기가 하고 싶은 공부만 했습니다. 엄마 말보다는 학원 원장님 말을 더 신뢰한 거였죠. 그런데 1학년 최종 내신이 전교 8등으로 1.6등급이 나왔습니다. 이러한 결과를 받아 보고 나서야 아이도 이게 아니구나, 라고 생각한 것 같았습니다. 2학년 때는 내신에 올인했습니다.

아이가 가장 힘들어했던 시기는 고등학교 3학년 1학기였습니다. 고2 내내 전교 1등을 유지하면서 비교과 활동까지 많이 해야 했기 때문에 에너지가 바닥난 상태였어요. 공부하려고 앉아 있기는 하는데, 집중하지 못하고 불안해하는 것이 역력했습니다. 고3 때도 고2 때와 같은 성적을 받아야 한다는 중압감도 컸습니다. 그래서 아이에게 너는 내신도 좋고 비교과 활동도 충분히 해 놓았기 때문에 크게 문제가 없을 거라며, 힘들면 쉬고 마음을 편하게 가지라고 말해 주었습니다. 또 고2 때 전교 1등을 했다는 사실만으로도 충분히 가능성과 잠재력을 보여 주었고, 고3 때 내신이 조금 떨어지더라도 절대적인 커트라인이 있는 게 아니기 때문에 괜찮다고 안심시키며 불안감을 없애 주려 노력했습니다.

　고3 1학기 때 아이가 힘들어했던 또 다른 이유는 한국 지리 때문이었습니다. 태현이는 어릴 때부터 지식 체계가 논리적으로 연결되는 공부를 할 때 푹 빠져들었습니다. 그런데 한국 지리는 수업 내용이 단편적으로 나열되어 있고 정보와 문제 풀이가 연결되지 않는다고 스트레스를 많이 받았습니다. 흔히 말하는 메가스터디 1타 강사의 강의를 들어도 여전히 어려움을 겪었습니다. 다행히 이투스 L 강사님의 인터넷 강의를 들으면서 한국 지리의 지식들이 체계화되었고 비로소 아이는 한국 지리의 늪에서 탈출할 수 있었습니다. 하지만 한국 지리에 신경을 많이 쓰고 스트레스를 받는 동안 다른 과목에 상대적으로 소홀해지면서 전반적으로 내신이 밀렸습니다. 고3 1학기 때 1.5~1.6등급 정도로 성적이 떨어졌지만, 다행히 최종적으로는 전교 1등을 했습니다.

입시 전쟁

고3 때 일시적으로 성적이 조금 떨어졌지만, 전체적으로 내신이 좋고 비교과 활동도 완성해 놓았으며 아이의 색깔도 뚜렷해서 일반 전형을 준비하는 게 좋다고 생각했습니다.

그때는 나도 입시 제도를 완전히 파악하고 있어서 수능을 준비할 필요가 없다고 생각했습니다. 내신을 준비하면서 따로 서울대에 들어갈 만큼 수능을 준비하는 것이 쉬운 일도 아니었습니다. 만약 안 되면 재수를 시키겠다는 각오까지 했습니다.

수시 일반전형을 염두에 두면서부터 조금씩 큰 윤곽이 파악되었습니다. 태현이가 고1 때부터 지속적으로 입시 설명회에 다니고 인터넷 찾아보며 스스로 공부를 많이 했는데, 아이가 고3 이었을 때는 입시를 완전히 파악했습니다. 예를 들어 연세대 특기자전형에 합격하려면 어느 정도의 내신과 스펙을 쌓아야 하는지를 알 수 있었고, 특기자전형은 일단 1차에 합격하면 추가 합격이 돌고 돌아서 결국에는 합격하게 된다는 사실도 알게 되었습니다.

이 책을 읽는 엄마 중에 '입시 문외한'이 있다면, 지금부터라도 노력을 하시라고 말씀드리고 싶습니다. 인터넷에 나오는 단편적인 뉴스나 블로그, 카페 등의 자료를 많이 읽고 정리하다 보면 어느 정도 윤곽이 그려집니다. 물론 이런 사전 지식을 갖고 설명회에 가도 처음에는 무슨 말인지 알아듣기 힘듭니다. 그러면 궁금증을 해결하기 위해 스스로 더 노력하게 되고, 그런 과정을 거쳐 조금씩 '입시 전문가'가 되어 가는 것입니다. 물론 그것으로 아이들 입시가 해결되는 것은 아닙니다.

서울대학교 입시 원서를 쓰기 전에는 강남에서 공부 잘하는 아이들이 어디에 지원하는지 아는 것이 정말 중요합니다. 흔히 말하는 '눈치작전'인데, 괜히 잘하는 아이들이 몰리는 과에 지원했다가 너도 나도 피해를 보는 상황은 피해야 하니까요. 친한 엄마들 사이에 어느 정도 정보가 돌기는 하는데, 그것만으로는 부족해서 1회에 20~30만 원 주고 컨설턴트를 찾기도 합니다. 하지만 입시 컨설턴트마다 실력이 제각각이어서 항상 만족스러운 결과를 얻을 수 있는 것은 아닙니다.

나 역시 아이의 입시 원서를 쓰기 전에 대치동 입시 컨설턴트와 여러 번 상담을 했습니다. 하지만 만족스러운 정보를 얻지 못했고, 심지어 입시 상황을 제대로 파악하지 못한 컨설턴트도 있었습니다. 엄마들 사이에 정말 많이 알려진 컨설턴트를 찾아갔지만 그분 역시 마찬가지였습니다. 내가 아는 게 없으면 얻는 것도 그만큼 작을 수밖에 없다는 생각이 들었습니다. 대치동은 그야말로 돈 놓고 돈 먹는 시스템으로 돌아가는 것 같았습니다.

그러다가 L학원을 통해서 어느 정도 유용한 정보를 알 수 있었습니다. L학원에는 공부 잘하는 아이들이 많이 가기 때문에 어떤 아이가 어떤 학과에 지원하는지에 대해서 선생님들이 어느 정도 파악하고 있었습니다. 대원외고 몇 등이 무슨 과에 지원한다더라 등의 내용을 알고 있는 것입니다. 거기 선생님 중에 한 분이 아이에게 주위에 아이가 원하는 학과에 지원하는 아이들이 별로 없으니까 면접 준비 잘해 보라고 살짝 귀띔을 해 주었습니다. 그래서 태현이도 안심할 수 있었습니다. 공부 잘하는 아이들이 많이 몰리는 학원의 좋은 점이 이런 것입니다. 지금 내가 어느 정도의 실력인지 파악할 수 있고, 또 누가 어디 대학 어느 학과에 지원하는지 등의 정보를 접할 수 있으니까요.

그래도 우리는 참 잘했어

초등학교 입학부터 고등학교 졸업까지 12년이라는 시간 동안 교육과 입시라는 굴레 속에서 앞만 보고 달렸습니다. 수많은 갈등을 겪었고, 모자 관계가 틀어질 위기도 여러 번 겪었습니다. 그래도 지금 그때를 돌이켜보며 미소 지을 수 있는 것은 숱한 어려움에 슬기롭게 대처했기 때문입니다.

아이는 스트레스를 받으면 집에 와서 엄마를 붙잡고 이야기를 늘어놓았습니다. 이야기를 듣다 보면 때때로 나 역시 스트레스가 쌓이고 힘들었습니다. 그럴 때면 한쪽으로 듣고 한쪽으로 흘릴 때도 있었고 참고 또 참았습니다. 아이도 자신의 문제를 엄마가 해결해 줄 수 없다는 사실을 잘 알고 있었을 거예요. 그냥 누군가 붙잡고 하소연하고 싶었던 것이겠죠. 아이에게는 그게 엄마였습니다. 아이의 이야기를 들어 주는 것만으로도 큰 도움을 줄 수 있습니다.

　남편 역시 많이 노력했습니다. 태현이가 남자 아이다 보니 남자끼리 소통하고 어울리려 애썼습니다. 시험이 끝났을 때나 주말이면 남편이 아이들을 데리고 영화를 보러 가거나 같이 돌아다니고는 했습니다. 간만에 자유 시간을 누리고 싶어서 나는 빠질 때가 많았습니다. 남편도 아이들도 나에게 혼자 있는 시간이 필요하다는 걸 알았는지 이해해 주었습니다. 그렇게 서로를 이해하는 마음이 그 힘든 시간을 지나면서도 우리 부부와 아이들의 관계를 좋게 만들어 준 것 같습니다. 아이의 입시가 성공해도 가족이 망가지면 그게 무슨 소용 있겠어요? 지금 험난한 길을 가고 있을 엄마들이 가족의 행복을 최우선에 두고 판단하시를 바랍니다. 대한민국 엄마들, 파이팅!

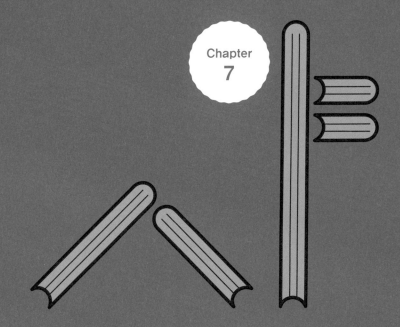

Chapter
7

엄마가 항상 응원할게.
너도 너 자신을 믿으렴

학부모 김정희(가명)

학생 이정민(가명) 서울대학교 사회과학대, 화성시 일반 고등학교, 지역균형선발전형

역사 교사로 일하던 중 미술 교사인 남편을 만나 결혼했습니다. 생각보다 일찍 첫아이가 생겼어요. 모든 엄마들이 그렇듯 첫아이를 키우면서 많은 어려움을 겪었습니다. 첫아이인 아들은 환경의 변화에 민감한 성격으로 먹는 것이나 입는 것, 자는 것에 예민했는데 주위에 도움을 받을 만한 가족이나 친지가 없어 어떻게 해야 할지 몰라 애를 많이 태웠습니다.

첫째 육아에 지쳐 갈 무렵 둘째 정민이가 태어났습니다. 정민이는 하늘이 내려 준 선물이 아닐까 하는 생각이 들 만큼 순한 아이였습니다. 주면 주는 대로 잘 받아먹고 떼를 쓰는 법도 없는 천사 같은 아이였어요. 그랬던 정민이가 초등학교 고학년 때 사춘기에 접어들면서 내 아이가 맞나 싶을 정도로 변했습니다. '고통 총량의 법칙'이 있다는 주위 언니들의 말을 실감하게 되었어요. 하지만 지금 생각해 보면, 아이들을 키우면서 육아와 관련된 책을 읽고 늘 다이어리에 반성과 결심을 반복해서 적으면서 내가 한 인간으로서 성장하지 않았나 생각합니다.

책을 좋아했던 정민이의 유아기

정민이를 가졌을 때 특별히 태교를 하지는 못하고 그저 음악을 많이 들었습니다. 남편이 클래식 음악을 좋아해서 모차르트, 베토벤, 태교 음악 등 가리지 않았습니다. 사실 정민이를 임신했을 때 학교에서 중학생 아이들에게 시달리느라 태교를 하겠다는 생각조차 못 했습니다. 그때 교사를 시작한 초창기여서 태교와 육아에 관련된 책보다는 학교 아이들을 가르치기 위해 역사책을 많이 읽었습니다.

직장 다니면서 두 아이를 키울 엄두가 나지 않아 친정인 부산에서 두 달 동안 산후 휴가를 보낸 뒤 정민이를 친정어머니에게 맡겨야 했습니다. 그렇게 한 달에 한 번 부산에 내려가서 정민이를 만나고 헤어지는 시간이 18개월이나 이어졌습니다. 지금도 정민이가 갓난아기일 때 돌봐 주지 못한 것을 생각하면 가슴이 아픕니다.

정민이가 어느 정도 자란 뒤에는 큰아이와 함께 동네의 한 할머니에게 맡겼습니다. 직장 다니며 아이 키우기가 너무 바빠서 조기교육 같은 것은 신경도 쓰지 못했습니다. 다만 책을 많이 읽어 주려고 노력했습니다.

거의 모든 집이 그렇듯 나도 첫째 위주로 교육을 시켰지만, 정민이도 오빠와 함께하면서 덩달아 많은 것을 일찍 경험했습니다. 그러니까 이런 식이었어요. 책은 주로 큰아이 위주로 골랐는데, 전래 동화와 세계 명작 동화 등을 읽어 주면 정민이가 더 적극적으로 반응을 보이는 거예요. 특히 정민이는 호랑이가 나오는 동화책을 좋아해서 『팥죽 할머니와 호랑이』, 『해와 달이 된 오누이』는 닳고 닳을 정도로 많이 보았습니다. 심지어 자야 할 시간이 되었는데도 계속 책을 읽어 달라고 해서 귀찮을 정도였어요. 나중에는 내가 책장을 넘기면 정민이가 그림을 보고 이야기를 지어 내서 내게 들려주기도 했습니다.

논리적 사고력을 키우기 위한 독서 교육

정민이가 초등학생이 되었을 때부터 책을 많이 사 주었습니다. 위인전과 세계 문학, 역사책 등이었어요. 나이에 따라 난도를 맞추어서 사 주었는데, 웅진에서 나온 전집을 많이 활용했습니다. 간간이 동네 서점에서 낱권으로 사기도 하고, 책을 3권씩 교환하는 서비스를 이용하기도 했습니다.

지적인 면을 키우는 데에는 남편의 역할이 컸습니다. 남편이 책을 좋아하고 생각이 깊은 스타일이어서 아이들과 책을 읽고 나면 주제를 던져 주어서 아이들이 생각을 많이 하게끔 이끌었습니다. 주기적으로 강남의 큰 서점에 데리고 다녔고, 책을 읽고 나면 독서 노트를 쓰도록 했습니다.

■ 정민이 엄마가 아이를 키우며 쓴 다이어리

    큰 아이가 초등학교 고학년부터는 벽에 신문을 붙여 놓고 읽게
한 뒤 중요한 기사를 스크랩해서 그 기사에 대한 아이들의 생각을
쓰게 했습니다. 단순히 글을 읽는 것만이 아니라 읽은 것을 자기 것
으로 소화하고 그것을 바탕으로 생각을 정리하게 하는 습관을 길러
주려는 것이었는데, 아이들의 논리력을 키워 주는 좋은 방법이었다
고 생각합니다.

    초등학교 고학년 때 시작한 신문 스크랩은 고등학교 다닐 때까
지도 계속되었습니다. 이런 습관 덕분에 정민이는 중학생 때 방송반
활동을 할 수 있었습니다. 방송반 면접을 볼 때 신문 스크랩과 독서
노트를 가져갔는데 선배들의 반응이 매우 좋았다고 합니다.

    정민이는 백과사전을 잘 활용했습니다. 학교 숙제를 할 때면 전
과만 참고하는 것이 아니라 백과사전을 뒤져서 필요한 것을 찾아냈
습니다. 이런 습관은 고등학생 때까지 이어졌습니다. 아이에게 이유

를 물어보니, 백과사전을 찾는 것이 재미있고 자연스럽게 다른 정보까지 알게 되어서 매우 유용하다고 하더군요. 자기소개서 쓸 때도 이 내용을 담았는데, 플러스 요인이 되었던 것 같습니다. 사실 백과사전은 큰아이를 위해 사 주었는데, 정작 제대로 활용한 아이는 정민이였습니다.

아이가 초등 저학년일 때부터 문화 센터에 보내 발레, 수영을 배우게 하고, 미술 학원에도 보내는 등 주로 예체능 위주로 교육을 시켰습니다. 수학은 눈높이 수학으로 시작했습니다. 과학은 실험 위주의 방문 프로그램인 'A 플러스 과학나라'를 하면서 집에서 다양한 실험을 해 보며 과학에 대해 흥미를 갖도록 하였습니다.

정민이는 나를 닮아 성격이 쾌활하고 친구를 좋아해서 친구들을 엮어서 시키면 재미있어했습니다. 게다가 호기심이 강하고 배우는 것을 즐거워해서 무엇이든 엄마가 하자는 대로 잘 따라 주는 아이였습니다. 주위 사람들한테는 아이를 관리하는 티를 내지 않았지만, 지금 생각해 보니 내가 공부 잘하는 아이들로 키우고 싶은 마음이 강해서 아이들이 배워야 할 것과 스케줄 관리를 꼼꼼하게 챙겼던 관리형 엄마가 아니었나 싶습니다.

정민이는 초등학생 때부터 늘 상위권을 유지해서 공부에 관한 한 큰 걱정을 하지 않았습니다.

네가 정말 우리 정민이 맞니?

　내가 사람들과 어울리기를 좋아해서 아이의 동네 친구 엄마들과도 관계가 좋았습니다. 아이들이 초등학교 들어가 한창 엄마의 손길이 필요할 때 나는 고등학교에서 근무하느라 바빴지만, 아이 친구 엄마들이 잘 챙겨 주어서 방과 후에도 잘 지냈습니다.

　그런데 초등학교 5학년 때 2차 성징이 나타날 무렵에 정민이가 변하기 시작했습니다. 신이 주신 선물이라고 여겼던 그 아이가 맞나 싶을 만큼 변해 버렸어요. 도무지 적응이 안 되어서 "너, 외계에서 온 아이 아니니?"라고 말할 정도였습니다. 아이의 질풍노도는 중학교 2학년 때까지 이어졌고 당연히 저와의 사이도 좋지 않았습니다. 그때 나는 과거의 아이는 잊고 현재의 아이를 인정하자며 나 자신을 다독거리고 마음을 다잡으려 많이 노력했습니다. 하지만 머리로는 그렇게 생각하면서도 감정적으로는 많이 흔들렸고 아이에 대한 실망도 컸습니다.

　내일 입을 옷을 저녁에 미리 챙겨 놓을 정도로 자기 일을 스스로 잘하던 아이였는데, 할 일도 미루고 방 청소도 하지 않았습니다. 학원 끝나고 친구들과 놀다가 온다고 해서 허락하면 약속한 시간을 1시간 반이나 넘겨서 들어오고, 끊임없이 문자를 주고받느라 휴대폰을 손에서 놓지 않았습니다. 나와의 약속을 어겨서 혼을 내면, 엄마는 보수적이고 너무 엄격하다며 불만을 터뜨렸습니다. 눈을 동그랗

게 뜨고 말대꾸를 할 때면 정말 속이 터졌습니다.

외모에 관심이 커지면서 귀도 뚫었고 화장도 했습니다. 그리고 거짓말도 했어요. 하루는 아이 방을 치우다가 파우치가 있기에 누구 거냐고 물었더니 친구 거라고 답했어요. 그렇게 믿었는데 알고 보니 정민이의 파우치였습니다. 적어도 거짓말은 하지 않을 거라고 믿었는데, 충격이 컸습니다. 당연히 집에서 큰소리 나는 날이 많아졌습니다.

어떤 아이나 사춘기를 겪고, 그 시기에는 부모와 갈등을 겪기 마련입니다. 하지만 내가 근무하는 학교에서 착하게 공부 잘하는 아이들을 보면 정민이에 대해서 더욱 조바심이 나고, 정민이를 저 아이들처럼 기우고 싶다는 바람이 더욱 강해졌습니다.

아이는 집에서는 엄마와 갈등을 겪으면서도 밖에서는 남들에게 인정받고 싶어 하고 바른 아이라고 칭찬받고 싶어 했습니다. 그래서 친구 생일 같은 날 학원을 빠져야 하면 학원 선생님에게 밉보이기 싫어서 나에게 학원에 전화해 달라고 부탁했는데, 그것만은 네가 직접 하라며 들어 주지 않았습니다. 그러면서 네가 책임질 수 없다면 학원에 빠지지 말고 책임질 수 있다면 친구들과 놀라고 따끔하게 충고해 주었습니다.

아이들의 사춘기를 겪으며 깨달은 것들

　정민이와 갈등을 겪으면서도 나는 아이에 대한 희망을 버리지 않았습니다. 내가 그렇게 할 수 있었던 것은 아이를 어떻게 키워야 할지 고민하면서 읽었던 책들을 통해 위안을 받고 아이에 대한 믿음을 잃지 않았기 때문입니다. 큰아이를 키우면서 고민이 많아 다양한 책을 많이 읽었습니다. 특히 소아정신과 신의진 박사의 책에서 많은 도움을 받았습니다.

　아이의 기질에 맞추어 기다려 주어야 했는데, 내가 성급했다는 반성을 했습니다. 내 아이뿐 아니라 사춘기 아이들의 심리를 이해하고 대응할 방법을 알기 위해 교육대학원 교육심리학과에 들어가 공부도 했습니다. 그리고 정민이가 6학년 때 했던 다중지능검사 결과를 떠올렸습니다. 그때 1순위가 대인관계, 2순위가 언어, 3순위가 자기 성찰로 나왔는데, 아이가 친구를 좋아하는 것이 그런 성향 때문이라고 이해하려 애썼습니다. 또 자기 성찰을 할 수 있는 능력이 있으니, 언젠가는 자기 자신을 돌아보고 자기 길을 갈 수 있을 것이라고 생각하며 용기를 얻었습니다.

　한때는 동탄국제고등학교가 세워지는 것을 보면서 우리 정민이를 그 학교에 보내겠다는 생각을 했습니다. 하지만 사춘기를 겪으며 내 생각대로 따라와 주지 않았고 중학교 3년 동안 영어 1등급을 쭉 유지한 게 아니어서 포기했습니다. 그나마 다행인 것은 그토록 갈등을 겪으면서도 아이가 반에서 5등 이내의 성적은 유지해 주었다는 점입니다. 아마도 정민이는 공부도 잘하고 싶지만 다른 것도 다 잘하고 싶고 특히 우정을 소중하게 여겼던 아이였던 것 같습니다.

지금 돌이켜보면 나와 갈등을 겪었던 원인이 친구를 워낙 좋아해서였지 딱히 비행을 저지르거나 했던 것은 아니었습니다. 하지만 그때는 커 가면서 점점 나빠지지는 않을까 하는 걱정을 많이 했습니다. 요즘 가끔 정민이와 그때를 떠올리고는 하는데, 왜 그렇게 서로를 힘들게 했는지 모르겠다며 웃음을 짓습니다. 그 시절이 어느덧 추억이 되었습니다.

엄마들은 아이가 어릴 때는 좋은 교육을 시키고 관리를 잘해서 좋은 대학교에 보내고 싶다는 생각에 많은 계획을 세우지만, 아이가 엄마 뜻대로 따라와 주는 것은 아닙니다. 두 아이의 사춘기를 겪으면서 아이들에게 집착하지 않는 것이 중요하다는 사실을 깨달았습니다. 아이는 내 소유물이 아니므로 적당한 거리를 두고서 아이가 원한다면 지원해 주고 원하지 않는다면 엄마가 원하더라도 압박하지 않아야 한다는 것도 알았습니다. 그래서 중학교 때와는 달리 고등학생 때는 아이가 친구 만난다고 해도 싫은 내색 없이 "그래, 만나고 와"라고 편하게 말할 수 있었습니다.

사실 큰아이가 사춘기 때는 정민이보다 더했습니다. 첫아이라 잘 키우고 싶은 마음에 압박하기도 했어요. 큰아이는 고등학교 1학년 때 사춘기를 겪으면서 성적이 많이 떨어졌고 대학에 갈 필요가 없다는 생각이 든다며 학교를 그만두고 싶다고까지 했습니다. 다행히 지금은 서강대에 입학해서 잘 다니고 있지만, 고등학생 때 고민하고 힘들어할 때 "인생은 기니까 충분히 시간을 갖고 생각하면서 길을 찾아보자"라고 격려해 주지 못한 것이 미안하고 많이 아쉽습니다. 조바심 내지 않고 아이들을 좀 더 믿고 기다려 주는 것이 부모의 중요한 일이라는 사실을 뒤늦게 알았습니다.

아이의 진로 체험에 대하여

공부 잘하고 성품도 좋은 아이들로 키우고 싶었습니다. 그래서 뮤지컬, 동물원, 미술관, 역사 유적지, 캠프 등 다양한 체험을 하면서 지식을 쌓고 생각을 많이 할 수 있도록 신경을 많이 썼습니다. 체험 활동을 하고 나서 소감문을 쓰면 상으로 포인트를 주었는데, 정민이가 욕심도 많고 적극적이어서 큰아이보다 포인트를 많이 받았습니다. 그리고 사회성을 키워 주기 위해 스카우트 활동도 하게 했습니다. 여름에는 해양 캠프, 겨울에는 스키 캠프 등 아이들과 함께하며 많은 곳을 다녔습니다.

아이가 중학생 때는 진로와 관련한 체험을 많이 할 수 있도록 해 주어야 합니다. 중학교에서 아이들과 상담해 보면 아이들은 보통 초등학교 5~6학년일 때 자신의 진로에 대해 고민하기 시작했다고 대

아이들은 보통 초등학교 5~6학년일 때
자신의 진로에 대해서 고민하기 시작합니다.
이때 다양한 채널을 통해 직업과 관련된 체험을 해야만
구체적인 목표를 가질 수 있고,
공부에 대한 동기부여도 뚜렷해집니다.

답합니다. 그런데 자신이 관심 있는 직업과 관련된 체험을 많이 한 아이는 체험을 하지 않은 아이들에 비해 자신의 진로에 대해 훨씬 구체적으로 생각을 합니다. 그래서 자신이 관심 있는 진로나 직업 체험을 많이 해 본 아이와 그렇지 않은 아이 사이에는 매우 큰 차이를 보입니다. 진로나 직업 체험을 해 보아야 자신의 진로에 대한 구체적인 로드맵을 구상할 수 있기 때문입니다.

의외로 부모님의 직업을 체험해 보고 싶어 하는 아이들이 많습니다. 그러니 부모님의 직업부터 체험하도록 하고 난 뒤에 진로에 대해 이야기를 나눠 보는 것으로 시작해도 좋습니다. 하고 싶은 것이 많아서 선택하기 힘들어하는 것과 막연한 것은 분명 다릅니다. 진로 체험을 해보지 않은 아이들은 자신의 진로를 막연하고 추상적으로만 생각합니다. 요즘에는 학교와 지역 사회의 진로 센터, 지역 문화의 전당 등에서 좋은 프로그램을 많이 개최하는데 이런 기회를 활용하는 것도 좋습니다. 중학생 때 자유학기제를 이용해서 부모님과 아이가 적극적으로 참여하는 것을 추천합니다. 예전에는 의사와 같은 전문직을 체험해 보기는 쉽지 않았지만, 요즘은 지자체에서 이런 프로그램까지 준비해 놓아서 마음만 먹으면 얼마든지 기회를 가질 수 있습니다.

그리고 특성화 고등학교와 마이스터 고등학교로 진학할 아이들을 위한 진로 박람회도 자주 열립니다. 특성화고와 마이스터고에 가려는 아이와 학부모 외에는 관심을 갖지 않는데, 이런 체험들이 대학교 학과나 미래의 진로와도 관련이 있기 때문에 특성화고나 마이스터고에 초점을 맞추지 말고 체험 자체에 목적을 두면 좋은 기회가 될 수 있습니다.

엄마, 나 다시 학원에 가야 할 것 같아요

정민이가 초등학교 저학년일 때는 예체능 위주로 학원에 보내다가 고학년 때부터 중학생 때까지는 영어와 수학을 위해 동네 학원에 보냈습니다. 나는 아이의 학교 담임 선생님뿐만 아니라 학원 선생님과도 자주 통화하고 상담하면서 아이의 상황을 체크했습니다. 직업이 교사인 학부모는 학부모 총회나 반 모임에 잘 나가지 않으려 하는데, 나는 가리지 않고 가능한 한 모두 참석하려고 했습니다.

아이가 학원을 두 군데만 다녔기 때문에 학원에 안 가는 날에는 학교 끝나고 집에 도착할 시간에 맞추어 아이와 통화하면서 아이의 생활을 관리했습니다. 아이들 생활 관리가 철저한 엄마들은 교과서 단원까지 꿰고 있는데, 나는 그 정도는 아니었고 숙제를 했는지 확인하는 정도였습니다.

정민이는 사회성이 좋고 선생님들로부터 칭찬 듣는 것을 좋아해서 학교 수업 시간에 열심히 하고 학원도 꾸준히 잘 다니는 편이었습니다. 그러다가 사춘기 접어들면서 학원 때문에 아이와 자주 다투고 아이도 힘들어해서 학원 다니는 것을 그만두도록 했습니다. 요즘 같은 때에 학원을 다 끊는다는 건 나로서는 큰마음을 먹은 것이었고 막상 아이를 학원에 보내지 않으니 불안감을 지울 수는 없었습니다. 그래서 아이 공부를 어떻게 시킬지 인터넷에서 찾아보다가 자기 주도 영어 공부법을 소개하는 '솔모네 집'이라는 블로그를 발견했습니다. 그 블로그를 통해 아이 공부법과 어떤 책을 읽힐지 등의 도움을 많이 받았습니다.

학원에 안 가는 대신 스스로 어떻게 공부할지에 대한 계획을 짜라고 아이에게 시켰습니다. 역시 내 예상대로 진도가 밀리는 등 계획대로 되지 않았습니다. 어쩔 수 없이 잔소리를 하게 되고 아이와 말다툼도 했습니다. 학원 안 다니고 혼자 공부한 지 6개월 정도 되었을 때 성적이 많이 떨어져서 아이도 충격이 컸습니다. 그래서 그러더군요. "엄마, 다시 학원에 다녀야 할 거 같아요."

학원을 고를 때는 아이가 안전하게 다닐 수 있는 곳을 먼저 알아보고, 사교육에 대해서 잘 아는 엄마들의 조언을 받아 몇 군데 다니며 상담을 받았습니다. 아이도 저 나름 친구들에게 알아보더군요. 그렇게 서로 장단점을 조율하면서 학원을 정했습니다. 아이가 학원을 옮기고 싶어 할 때는 존중해 주었습니다. 대치동 학원에 보낼 생각은 없었습니다. 그렇게까지 하면서 아이를 힘들게 하고 싶지 않았고, 나 역시 그 정도로 욕심을 내지는 않았습니다.

정민이의 학습을 위한 엄마의 노력

엄마로서 내가 정민이의 학습을 위해 첫 번째로 신경 쓴 부분은 아이가 책을 읽고 공부하기에 좋은 집안 분위기를 만드는 것이었습니다. 거실에서 TV를 없애고 책만 두어서 언제든 책이 눈에 들어오고 손쉽게 꺼내 볼 수 있도록 했습니다. 그리고 내가 아이들을 가르치기 위해 교재 연구를 하다 보니 엄마가 공부하는 모습을 자주 보여 줄 수 있었습니다. 또 시간 관리가 중요하다고 생각해서 아이들이 어렸을 때부터 계획을 잘 세우도록 습관을 들였습니다. 내가 바빠서 아이들 스케줄 관리를 놓칠 수 있기 때문에 먼저 나부터 스케줄 관리를 철저히 해야 했습니다.

벽에 아이들이 지켜야 하는 것들의 목록을 붙여 놓고 아이들이 실행하면 스티커를 붙여 주는 방법을 쓰기도 했습니다. 예를 들면 아이들이 어렸을 때는 '양치는 했나요?', '책은 읽었나요?' 등 주로 생활 습관 항목을 리스트로 만들고 아이들이 실행하면 그 옆에 스티커를 붙여 주는 거예요. 일정한 수의 스티커가 모이면 아이가 원하는 것을 사 주거나 부탁을 들어주었습니다. 이때도 큰아이는 무덤덤했던 반면 정민이는 보상에 민감하게 반응해서 스티커를 하나라도 더 받으려고 노력했습니다.

중학교 때 시험 기간이 다가오면 엄마인 나도 덩달아 공부를 했습니다. 암기 과목들은 나와 문답을 하면서 내용을 점검했거든요. 교과서나 프린트를 보면서 내가 질문을 하면 아이가 답하는 식입니다. 이렇게 문답식으로 하면 좋은 점이 많습니다. 질문하고 답하는 과정에서 아이가 아는지 모르는지, 어느 정도 아는지를 스스로 깨닫게 되거든요. 만약 애매하게 답할 경우에는 내가 구체적으로 질문을 하는데, 이때 아이는 "어? 그게 뭐지?" 하면서 찾아보고 부족한 부분을 채웠습니다. 또 그렇게 같이 공부하면서 아이의 노트를 보다 보면 아이가 어떻게 공부하는지 자연스럽게 알게 되고, 또 서로 대화를 하면서 평소에 내가 몰랐던 아이의 새로운 모습을 발견하기도 했습니다.

내가 역사 교사이기 때문에 역사나 사회는 가르침을 주기도 했습니다. 다른 부분에서는 그다지 세밀하게 관여하지 않고 공부 계획 등 큰 틀에서 조언해 주고 관리해 주었습니다. 예를 들면 3일 동안 시험을 치르면서 첫날에 국어, 과학, 사회를 본다면, 시험을 준비하는 기간에는 주요 과목이면서 공부할 양이 많은 국어, 영어, 수학 위주로 공부하다가 시험 기간이 다가올수록 암기 과목을 공부하도록 계획표를 짜 주고 체크해 주었습니다.

중학교 2학년이 지나가면서 아이의 사춘기 증상도 서서히 옅어지기 시작했습니다. 그래서 이때부터 아이와 미래에 대해 진지하게 이야기를 나누기 시작했습니다. 정민이도 중3부터는 내신에 신경을 쓰는 등 스스로 공부하려고 많이 노력했습니다.

아이들 아빠는 아이들의 학습이나 성적에 신경 쓰는 티를 내지 않는 성격입니다. 하지만 아이들의 독서와 글쓰기, 공부에 관심이 많다는 사실을 은연중에 느낄 수 있었습니다. 정민이가 아빠를 닮아서인지 그림 그리는 것을 좋아해서 한때는 디자이너가 되고 싶다고 했습니다. 정민이는 무엇을 하든 친구와 함께하면 더 열심히 하는 스타일이어서 친한 친구를 붙여서 미술 캠프에 보내 미술사 특강을 비롯한 여러 가지 미술 프로그램에 참여하게 했습니다. 아이가 좋아하고 만족스러워했습니다. 하지만 정민이가 미술을 전공하는 것에 대한 남편의 생각은 달랐습니다.

하루는 남편이 정민이에게 특정 주제를 주면서 정해진 시간 내에 그림을 그려 보라고 했습니다. 비록 시간을 많이 넘겼지만, 내가 보기에 아이의 그림은 꽤 훌륭했습니다. 그런데 남편은 시간 내에 완성하는 것도 실력이라면서 예술적 소질이 부족하다고 평가했습니다. 남편의 속을 알 수 없었지만, 아이가 미술에 재능이 있다고 생각하는 것 같지 않았습니다. 그렇다고 남편이 아이가 좋아하는 일을 못하게 말리는 성격도 아닙니다. 미술을 하려면 미술 학원을 다니기보다는 책을 많이 읽고 늘 생각하는 습관을 가지라고 말했습니다. 하지만 학교 포스터 대회에서 다른 아이가 상 받는 것을 본 정민이가 스스로 미술에 소질이 있지 않다고 생각하고 공부 쪽으로 방향을 바꾼 것 같습니다.

한동안 아이에게 꿈이 무엇인지 물으면 없다고 답했습니다. 아이들을 보면 무언가를 꿈꾸다가 포기하기도 하고, 전혀 생각이 없다가 갑자기 무엇이 되겠다고 결심하기도 하며, 또 꿈이 자주 바뀌기도 하기 때문에 큰 걱정은 하지 않았습니다. 그런데 중3 때 방송반에서 봉사 활동을 하면서 어려운 처지에 있는 사람을 돕는 것이 자신에게 잘 맞고 사회적으로 가치 있는 일이라고 깨닫고 국제 개발 협력으로 진로의 가닥을 잡았습니다.

엄마가 입시 제도를 반드시 알아야 하는 이유

아이들의 대입 제도에 대해서 엄마들은 언제쯤 공부를 시작해야 할까요? 나는 아이들이 중학교 1~2학년일 때 알아 가기 시작하는 것이 좋다고 생각합니다. 왜냐하면 대입을 모르면 아이들의 고등학교 진학에서부터 상황이 꼬일 수 있기 때문입니다.

내가 교사로 일하면서 상담해 보면 특목고나 자사고에 보내는 것이 최선이라고 생각하는 학부모가 많습니다. 왜 그렇게 생각할까요? 좋은 고등학교에 보내기만 하면 내 아이가 좋은 대학교에 갈 것이라는 막연한 믿음 때문입니다. 그런데 우리나라 입시의 흐름을 생각한다면 특목고와 자사고가 반드시 최선은 아닙니다. 그런 학교에 가서 내신이 잘 안 나오면 아이의 자존감이 떨어지고 학교생활도 힘들어지며 재수를 선택할 수밖에 없습니다. 엄마의 그릇된 생각이 아이와 가족 전체를 힘들게 만드는 것입니다.

사실 입시에 대한 정보는 엄마가 알려고 하기만 하면 손쉽게 구할 수 있습니다. 학교와 학원의 입시 설명회가 자주 열리고, 인터넷과 뉴스에도 정보가 널려 있으며, 심지어 입시 정보를 일목요연하게 정리해 놓은 책도 여러 종이 있습니다.

만약 올바른 정보를 찾기가 쉽지 않다면 학교에서 입시를 담당하는 분이나 지역의 진로진학 상담 센터에 사이버 상담을 신청할 수도 있습니다. 나도 그런 기관의 도움을 많이 받았습니다. 그리고 이런 기관과 담당자들은 서로 네트워크가 잘 되어 있어서 다방면에서 방법을 찾아 주기 때문에 큰 도움을 받을 수 있습니다. 나도 큰아이가 고3 때 입시에 대한 도움을 얻고 나서 이후로 쏠쏠하게 활용했습니다.

또 한 가지 엄마들의 잘못된 편견은 면학 분위기가 안 좋은 학교에 가면 아이들이 다 같이 놀 거라고 생각하는 것입니다. 나는 그렇게 생각하지 않습니다. 어차피 고등학교 성적은 상대 평가입니다. 한 학교의 학생 전부가 코피를 쏟으며 공부한다고 생각해 보세요. 그러면 아무리 공부해도 좋은 성적을 받기가 힘들 겁니다. 똑같이 공부를 해도 어떤 학교에서는 성적이 안 좋은데, 어떤 학교에서는 좋은 성적을 받습니다. 그리고 고등학교 내신이라는 게 이른바 좋은 학교에서는 더 힘들 수밖에 없습니다. 엄마가 입시 제도와 내 아이의 특성을 제대로 파악해서 내 아이에게 맞는 학교를 선택하는 것은 아이의 인생에 있어서도 매우 중요한 지점이 아닐까 생각합니다.

엄마로서든 선생님으로서든 고등학교 선택에 관해서 많은 생각을 하게 되었습니다. 그래서 한때 정민이를 국제고에 보내고 싶었던 욕심을 버리고 아이와 고등학교에 대해서 많은 이야기를 나누었습니다. 큰아이의 고등학교를 선택할 때 고민했던 요소들이 정민이의 고등학교를 선택할 때 많은 영향을 미쳤습니다. 큰아이의 고등학교를 고민하면서 주위에 있는 일반고에 대해서 분석을 했거든요. 수시 전형을 염두에 두고 수시형 고등학교와 내신 성적이 잘 나올 학교를 선택하는 것이 기준이었습니다.

다만 친구가 많지 않고 주위 환경에 영향을 덜 받는 큰아이와 달리 정민이는 친구와 어울리기 좋아하고 주위 환경에 영향을 받는 아이여서 염려되는 부분이 있었습니다. 면학 분위기가 좋다는 주위의 명문고에 보낼까 하는 생각도 했지만 진학 후의 내신을 생각하지 않을 수 없었습니다. 그래서 정민이가 그 명문고에 진학했을 때 어느 정도의 내신을 받을지 예측해서 분석했는데, 중간 정도 되는 것 같았습니다. 그리고 그해에는 유독 성적 좋은 아이들이 그 학교에 많이 지원하는 분위기여서 큰아이가 다니는 신생 학교를 선택했습니다.

아이들에게 친구란 어떤 존재일까?

학교를 결정하고 마음에 걸렸던 부분이 친구 문제였습니다. 초등학생 때부터 친하게 지낸 친구가 있는데 그 아이가 정민이랑 같은 학교로 가게 되어서 걱정했던 거예요. 그런데 다행히 그 친구와 정민이가 친하게 지내는 것 같지 않아서 어느 날 신경 쓰지 않는 척하면서 물었어요. "왜 그 친구랑 싸웠니?" 정민이가 답했어요. "아니, 그냥 자연스럽게 멀어졌어." 그리고 이렇게 덧붙였습니다. "엄마, 내가 중학교 때 친구들과 어울려 다니면서 친구들과의 관계에 대한 스킬이 생긴 것 같아. 친구들 때문에 힘들어하는 애들이 있는데 난 그렇지 않았어." 그리고 이어서 아주 중요한 말을 했어요. "엄마, 중학교 공부는 벼락치기로도 충분히 되는데 고등학교 공부가 진짜인 것 같아. 근데 중학교 때 친구들 관계에 대해 많이 배워서 고등학생 때 친구 문제로 고민하지 않고 공부하는 데 집중할 수 있는 것 같아."

여러분도 이제는 아시겠지만, 아이의 친구 문제로 많이 다투었습니다. 그때는 내가 말리고 싶었지만 그렇게 못해서 마음이 많이 힘들었어요. 그런데 그때의 모든 경험들이 아이에게 의미가 있었다는 걸 생각하게 되었습니다. 특히 고등학교 때 정민이는 친구들과의 관계에서 좋은 것을 많이 얻었습니다. 정민이가 친구를 좋아해서 공부를 도와주고 자신의 노트를 공유하기도 했습니다. 그게 고마웠던지 친구들이 정민이에게 "네가 서울대 가야지, 네가 안 가면 누가 가니?" 이런 식으로 격려를 많이 해 주었어요. 주위의 그런 기대와 격려가 아이에게 힘을 주었던 것 같습니다. 내가 걱정했던 아이의 성향이 장점으로 작용한 거였어요.

그래서 아이들 친구 문제로 걱정하는 엄마들이 있으면 우리 딸 정민이의 사례를 들면서 조언합니다. 지금 친구가 계속 이어지는 것은 아니고, 대인관계에서 배운 것은 나중에 다 도움이 된다고요. 그리고 엄마가 점검하고 하나하나 관리한다고 해도 따르지 않는 아이들은 시간을 주고 기다리면서 믿고 바라봐 주는 것이 좋다고 말해 줍니다. 당장은 부모 입장에서 마음이 상하더라도 모든 경험이 나중에는 약으로 쓰일 수 있으니 너무 걱정할 필요가 없다고요.

국제기구에서 일하겠다는 꿈을 갖다

고등학교 입학 후 첫 출발은 좋았습니다. 고1 첫 중간고사에서 전교 3등을 하더니 그 다음부터는 쭉 전교 1등을 했어요. 그때부터 아이가 성적을 유지하기 위해 열심히 하기 시작했습니다. 그때 그동안 잊고 있었던 한 가지 경험이 떠올랐습니다. 학교에서 전교 1등을 한 경험이 매우 중요했다는 서울대 학생의 이야기였어요.

큰아이가 좋은 대학교에 갔으면 하는 마음에 큰아이가 5학년, 정민이가 3학년 때 아이들 친구들까지 데리고 서울대학교 탐방을 갔습니다. 간 김에 서울대 학생을 만나서 그들의 이야기를 들려주었으면 좋겠다고 생각했어요. 마침 학교 안에 있는 빵집에 남학생 두 명이 있었는데, 무작정 아이들을 데리고 가서 어떻게 서울대에 들어왔는지 이야기해 달라고 부탁했습니다. 한 학생은 과학고를 졸업한, 흔히 말하는 엘리트 코스를 밟았고, 나머지 한 명은 과천의 일반고를 졸업한 학생이었습니다. 일반고를 졸업한 학생이 자기는 중3 때 많이 노는 바람에 특목고에 못 가고 일반고를 갔지만 전교 1등을 한 경험이 자신에게 큰 영향을 미쳤다고 말했습니다. 그 이야기를 듣고 감명이 깊었지만, 아이가 사춘기를 겪는 동안에는 잊고 지냈다가 정민이가 고등학교에서 전교 1등을 한 후 달라진 모습을 보이자 그때 그 학생의 말이 불현듯 떠올랐습니다. 좋은 결과가 나오면 누가 말하지 않아도 아이 스스로 동기부여를 하며 공부를 열심히 하게 되는 거였어요.

중3 겨울 방학 때 수시형 고등학교를 선택했기 때문에 진로를 정하는 것이 매우 중요하다는 이야기를 정민이에게 해 주었습니다. 왜

냐하면 수시전형은 진로를 정해서 고등학교 1학년부터 거기에 맞는 비교과 활동을 해야 나중에 자기소개서 쓰기가 좋기 때문입니다. 정민이는 자신이 사람들과 어울리기 좋아하고 남을 돕는 것을 좋아하며 영어를 좋아하기 때문에 글로벌하게 살고 싶다고 말했습니다. 민간 외교이든 국가 외교이든 전 세계를 다니며 남을 돕는 일을 하는 것으로 진로의 큰 그림을 그리고 문과 쪽으로 방향을 정할 수 있었습니다.

고등학교 1학년 때 남아프리카공화국 교육 봉사 활동단에 선발되었습니다. 여름 방학에 2주 동안 참여하는 프로그램이었어요. 공부할 시간이 부족할 것 같아 보내야 하나 말아야 하나 고민을 많이 했지만, 아이가 머릿속에 그리고 있는 미래의 진로를 미리 체험해보는 좋은 기회인 것 같아 보냈습니다. 그 경험을 한 뒤 아이는 더 큰 확신을 가지고 국제 협력 기구에서 일하는 것으로 자신의 구체적인 진로를 결정했습니다.

이제 관련 학과를 알아보아야 했습니다. 그런데 외교나 국제기구 관련 학과는 아무래도 일반고보다는 특목고나 자사고 학생에게 유리할 것 같다는 생각이 들어서 고3 때 현실적으로 사회과학대와 문화인류학 분야를 놓고 고민했습니다. 하지만 문화인류학과는 학문적 성격이 강한 것 같아서 주위의 조언을 종합한 결과 사회과학대를 선택했습니다. 대학에 들어간 뒤 아이는 국내 활동보다는 해외 활동을 하고 싶다고 해서 대학교 1학년 때 해외 봉사 활동을 다녀왔고 그

분야에서 경력과 경험을 쌓다가 국제기구에서 일하는 것을 꿈꾸고 있습니다.

정민이의 비교과 활동

고등학교 1학년 때부터 교내 활동에는 모두 다 참여한다는 생각으로 다양한 활동을 했는데, 특히 봉사 활동에 초점을 맞추었습니다. 동아리 활동을 통해 다문화 가정의 어린이들에게 책 읽어 주기, 오르다라는 교구를 활용한 교육 봉사, 경복궁에서 외국인을 대상으로 한국어와 한국 문화를 알리는 활동 등을 3년 동안 꾸준히 했습니다. 또 고1 때 반장을 하고, 고2부터는 학생회 활동을 하면서 학교를 개선하기 위한 캠페인, 위안부 피해자에 대한 인식 전환, 국제 기아 이슈를 학생들에게 환기시키는 활동, 학생들이 느끼는 개선해야 할 사항을 지역 주민에게 건의하는 일 등을 했습니다. 고3 때도 학생회 활동과 봉사 활동에 열심이었습니다. 아이가 고3 때는 봉사 활동을 줄이고 공부를 더 했으면 하는 생각이 들기도 했습니다. 하지만 아이가 좋아서 하는 일이기에 아이를 믿고 봉사 활동을 하는 장소까지 태워다 주는 정도로 지원했습니다. 그러면서 일반고에 다니고 있기 때문에 특목고에 비해 비교과 활동의 질이 떨어지지 않는지 걱정하지 않을 수 없었습니다.

막연히 아이가 좋은 대학교에 갔으면 좋겠다는 마음을 가지면서도 서울대에 갈 수 있을 것이라고는 생각하지 못했습니다. 그런데 고1 때부터 내신 성적이 잘 나와서 한번 전체적으로 검토해 볼 필요가 있을 것 같았습니다. 나는 중학교 교사라서 대입에 대해서는 잘 몰랐습니다. 그래서 고등학교 진로진학 상담 교사에게 조언을 구했습니다. 그때 그분이 말하기를, 정민이가 교내 활동을 열심히 하고는 있지만 일반고이기 때문에 서울대나 연·고대에 지원하려면 특목고나 자사고에 다니는 학생 못지않게 역량이 있다는 점을 객관적으로 보여 줄 필요가 있다며 그 방법을 찾아보라고 했습니다. 예전에는 영어공인능력시험 올림피아드 등 외부 활동도 학생부 기재가 가능했지만, 지금은 그럴 수 없어서 어떤 활동이 있을까 고민했습니다. 그때까지만 해도 주위로부터 아이가 잘한다는 소리를 들어서 미처 그런 것까지 준비할 생각을 못하고 있었습니다.

그때 그 선생님이 조언해 준 내용 중에 각 고등학교에 코이카 KOICA 청소년 활동단을 선발하는 공고가 내려갔다는 것이 있었습니다. 그런데 영어 공인 성적 제출이 필수여서 부랴부랴 영어공인인증시험에 응시해서 자기소개서와 영어공인성적을 제출했습니다. 다행히 토익 스피킹 점수가 잘 나와서 합격했고, 활동할 수 있었습니다. 코이카 청소년 활동단은 해외의 정부 공무원들이 한국에 방문했을 때 그들의 서울에서의 일정을 보조하고 가이드하는 활동을 했습니다. 나중에 알고 보니 그 활동은 경쟁이 아주 치열했고, 외고 학생들

대학교와 고등학교에 지원할 때

영어 공인 성적을 제출하는 제도는 없어졌지만,

특별한 비교과 활동을 할 때

영어 공인 성적을 요구하는 경우가 많기 때문에

미리 준비를 해 두는 것이 좋습니다.

의 참여 비율이 매우 높았습니다. 비록 봉사 활동에 활동 시간이 기록되었을 뿐 자소서에 그 내용을 적은 것도 아니고, 면접 때 질문을 받은 것도 아니었어요. 하지만 이 활동을 통해 아이는 코이카^{KOICA}라는 한국 국제 협력단이란 구체적인 진로와 관련된 기관을 알게 되어 체험할 수 있었고, 특목고 아이들 못지않은 역량을 갖추고 있다는 점에 자신감을 가질 수 있었습니다.

　일반고에 다니면서 특목고 학생들과 경쟁하려면 특목고 학생들이 주로 참여하는 활동에 하나 정도 참여하는 것을 생각해 볼 필요가 있습니다. 경쟁력이 있는 활동에 지원할 때는 서류를 제출해야하는데, 그래서 꼭 외고를 준비하지 않더라도 원하는 기회를 얻기 위해 영어공인능력시험 등 아이의 능력을 검증해 줄 만한 것은 중학생 때 미리 도전해 보는 것도 좋습니다.

　활동의 질이나 깊이에 대해서도 생각해야 합니다. 그래서 아이에게 활동이나 지식의 깊이를 보여 줄 수 있는 활동이나 연구를 해 보는 것이 어떻겠느냐고 제안했는데, 다행히 아이가 실행력이 좋아서 고2 때 북한의 식수 문제를 해결하는 적정 기술이라는 주제로 이과 아이들과 융합하여 연구를 진행했습니다. 아이가 문과이기 때문에 적정 기술에 대한 지식에 한계가 있어서 과학 선생님을 찾아가 조언을 구하고 이과 아이들과 함께 연구보고서를 완성했습니다. 사교육에 의존하지 않았고 학교 선생님이 깊이 관여하지 않아서 비록 결과물이 뛰어나지는 않았지만, 아이에게는 연구를 시도한 그 자체만으로도 도움이 되었습니다.

고등학교 때의 학습 관리

영어는 중학교 1학년 동안에는 학원에 다니지 않다가 중학교 2학년부터 2년 동안 꾸준히 다녔습니다. 동네 토피아어학원, 외대어학원에 다니다가 마지막에는 주위 소개를 받아 프렌차이즈가 아닌 작은 규모의 영어 학원에 다녔는데, 선생님께서 아이에게 맞추어 잘 가르쳐 주셨습니다. 고등학생 때도 그 선생님께 지도를 받고 싶었지만, 학교에서 야간 자율 학습을 하고 싶다고 하여 학원에 다니지 않았습니다. 그래도 중3 때 학원 선생님이 지금 정도의 수준만 유지해도 된다고 해서 크게 걱정하지는 않았습니다. 다만 아이가 문법에 부족함을 느껴서 방학이 되면 한 달만 그 학원에 다니며 특강 수업을 들었습니다.

수학은 중학교 3학년 때부터 한 학기 정도 선행을 해서 고교 입학 전에 고등학교 1학기 과정까지 선행을 했습니다. 영어와 수학은 수능 모의고사에서 1등급이 나왔는데, 국어는 2등급이 나왔습니다. 그래서 국어를 어떻게 해야 하나 아이와 함께 고민을 거듭하다가 국어 실력을 향상시키는 데는 시간이 많이 걸리므로 욕심 내지 않고 1등급 나오는 과목에 집중하기로 생각을 모았습니다. 그리고 이를 보완하기 위해 학교 국어 시간에 모의고사에서 틀리는 부분을 집중적으로 공부했습니다. 실제 수능에서 영어와 수학, 탐구 과목에서 1등급이 나와 수능 최저를 맞추는 데는 문제가 없었지요.

선행은 현재의 단계를 이해한 상태에서 앞서 나가는 것을 의미합니다. 아이의 성향에 따라 다르겠지만 서울대를 목표로 하거나 능력이 있는 아이라면 선행을 많이 해도 상관없다고 생각합니다. 고등학교는 중학교와 달리 수능 때문에 3년 과정을 2년 동안 빠른 속도로 진도를 나가기 때문에 선행을 하지 않은 아이들은 아주 힘들어한다고 합니다. 하지만 전 과목을 학원에 맡기는 것은 오히려 아이의 자기 주도 학습 능력을 떨어뜨릴 수 있으므로 주의해야 합니다.

고등학생 때는 학원에 다닐 시간이 충분하지 않고, 또 이때는 어느 정도 자기 주도 학습이 가능하기 때문에 아이가 취약한 과목이나 부분만 단과 학원에 다니면서 스스로 공부해 나가는 것도 좋다고 생

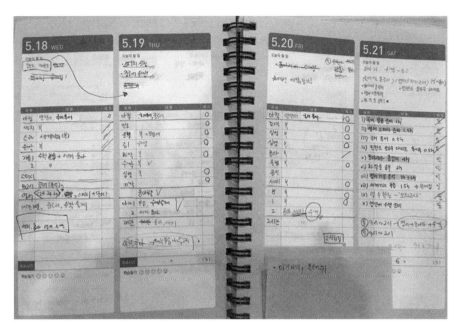

■ 정민이의 고등학교 때 스케줄러

각합니다. 정민이도 야간 자율 학습을 포함해서 매일 5시간 정도 복습할 수 있는 자신만의 시간을 가졌습니다. 서울대에 가려면 내신 1.5등급도 마음을 놓을 수 없기 때문에 그 이상을 받기 위해 시간 관리를 정말 잘해야 합니다.

앞에서도 이야기했지만, 시간 관리를 잘하도록 하기 위해 어릴 때부터 계획표를 짜도록 했던 것이 고등학교에 가서도 많은 도움이 되었습니다. 중학교 때는 무엇을 할지 시간 단위까지 계획을 세우지 않았지만, 고등학교 가서는 시간이 절대적으로 부족하기 때문에 좀 더 꼼꼼하게 계획을 세웠습니다.

훌륭한 사람이 될 거라는 자기 암시

고등학교 1학년 때부터 전교 1등을 꾸준히 유지해서 서울대의 지역균형선발전형 추천을 받을 수 있었습니다. 서울대, 연세대, 성균관대 사회과학대와 고려대 경제학과에 지원했는데 모두 합격했습니다. 기대하지 않았는데 모두 합격해서 정말 기뻤습니다.

고등학교 3년 내내 전교 1등을 하면서도 교내 거의 모든 활동에 참여하고, 봉사 활동과 연구보고서 쓰는 것까지 최선을 다했습니다. 어른인 내가 보기에도 다 해낼 수 없을 것 같은 양의 하루 스케줄을 짜고 자신이 계획한 대로 지키려고 노력했습니다. 스스로 자기 자신을 옥죄는 스타일이라 옆에서 보기 안쓰러워서 못해도 괜찮으니까 무리하지 말라고 말해 줄 때도 많았습니다. 대학생이 된 지금도 정민이는 다 해내기 힘들 만큼 스케줄을 빡빡하게 채우고 자신을 채찍질하고 있습니다.

아이들이 공부하고 입시를 준비하는 과정에서 여러 번 고비가 찾아오기도 했습니다. 하지만 정민이도, 나도 끝까지 아주 훌륭하게 완주했습니다.

어릴 때부터 정민이는 "엄마, 난 훌륭한 사람이 될 거야. 난 잘될 수밖에 없어"라는 말을 자주 했습니다. 나뿐만 아니라 주위 사람들에게도 같은 말을 하고 다녔습니다. 자신이 원하는 것을 입 밖에 내면서 자기 암시를 하는 것 같았습니다. 그리고 아이의 그 말은 자신에 대한 믿음을 더욱 굳건히 다지는 한편 꼭 지켜야 할 자신과의 약속을 하는 것이기도 했습니다. 정민이는 그 약속을 지켰습니다. 그리고 아이는 지금도 새로운 약속을 만들어 가는 중입니다.

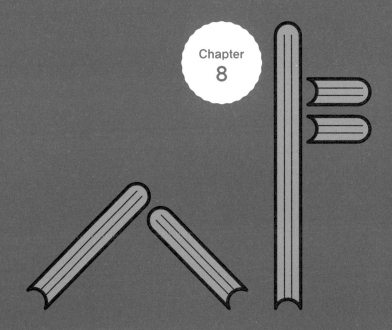

Chapter 8

교육과 진학은
엄마와 아이가 함께
높은 산을 오르는 일

학부모 **강혜진**(가명)

학생 **조성진**(가명) 서울대학교 치과대학, 민족사관고등학교, 일반전형

성진이는 나를 가장 힘들게 하면서도 엄마를 가장 많이 생각해 준 아이였습니다. 성인이 된 지금도 많은 대화를 주고받으며 친구처럼 지내고 있어요. 성진이가 어릴 때부터 내가 직장에 다니느라 신경을 많이 못 써서 늘 미안한 마음을 갖고 있었습니다. 대학에 입학한 뒤 어느 날 그러더군요. "엄마, 예전에는 마녀 같았는데…" 일과 양육을 병행하면서 최선을 다해야 한다는 생각에 너무 뾰족하게 살았나 하는 생각이 들었습니다.

초등학교 교사로 일하고 있는 첫째와 자기 길을 잘 가고 있는 둘째 성진이에 대해서는 이제 어느 정도 마음을 놓았습니다. 셋째 또한 잘되리라 믿어요. 나의 육아 일기는 아직 끝나지 않았습니다. 아이들 키우는 동안 변비약 없이는 화장실에 갈 수 없었는데, 셋째가 대학에 들어가면 약 없이도 편하게 살 수 있을 것 같습니다.

조기 교육에 관심이 없던 워킹 맘

친정어머니가 아이들을 맡아 주었기에 큰 걱정 없이 일을 할 수 있었습니다. 당시에 어린아이를 둔 학부모 사이에는 영어 유치원에 보내는 게 일종의 유행이었는데, 저는 아이들을 안산에 있는 어린이집과 일반 유치원에 보냈습니다. 일하는 엄마 대부분이 그렇겠지만, 저 역시 너무 바빠서 아이들 조기 교육에 특별히 욕심을 낼 수 없었어요. 하지만 아이들이 한글을 빨리 깨우쳤으면 하는 바람은 있었습니다. 한글을 알아야 책을 읽을 수 있으니까요.

그래서 28개월부터 구몬 학습지를 통해 한글 교육을 시작했습니다. 아이들 교육에 크게 욕심이 없었기 때문에 무리해서 시작한 것은 아니었어요. 성진이가 두 돌 지났을 때부터 한글을 인식하기 시작해서 이제 시작해도 될 것 같다는 생각이 들었습니다.

다섯 살 정도 되었을 때 아이가 혼자서 한글을 읽을 수 있게 되었습니다. 그제야 영어를 시켜도 되겠다는 생각이 들었지만, 직장에 다니며 아이들을 키우느라 바빠서 영어 교육을 따로 시키지는 못했고 유치원에서 배우는 것이 전부였습니다.

교육 환경을 위해 분당으로 이사를 하다

아이들이 자라면서 조금씩 교육에 관심을 갖기 시작했습니다. 하지만 맞벌이를 하다 보니 바빠서 신경을 많이 쓸 수는 없었어요. 그래서 교육 환경이 좋은 곳으로 이사를 가야 하나 생각을 했습니다. 가끔 가족 모임이 있을 때면 분당에 사는 시누이를 통해 분당의 교육 환경이 좋고 엄마들의 교육열이 높기 때문에 전반적으로 학원들의 수준도 높다는 이야기를 들었어요. 내가 크게 신경을 못 써 주니 교육 환경이 좋은 곳으로 가는 게 좋겠다는 생각을 했습니다. 그래서 초등학생인 큰아이가 더 크기 전에 분당으로 이사를 했습니다. 성진이가 초등학교 2학년 때였어요.

분당으로 이사한 후에도 여전히 아이들 교육에 크게 신경을 쓰지 못했습니다. 그런데 어느 날 성진이 담임 선생님에게서 전화가 왔어요. 아이가 공부도 잘하고 영민한데, 엄마가 방치하는 것 같다고 하더군요. 그러면서 아이의 특성에 맞게 교육을 시키는 것이 어떻겠느냐고 제안했습니다.

선생님과 통화한 뒤 망치로 머리를 세게 얻어맞은 느낌이었습니다. 그때까지 성진이가 특별히 뛰어나다는 생각을 해 본 적이 없었고, 어떤 방향으로 교육을 시켜야겠다는 뚜렷한 생각도 없었어요. 아이가 안산의 초등학교에 다닐 때, 1학년 담임 선생님과 상담하면서 성진이가 다른 아이들에 비해 학습 능력이 좋고 1학년 같지 않다는 말을 들었을 때에도 그저 막연히 이해력이 좋나 보다, 라고만 생각했습니다. 선생님의 그 말이 정확히 어떤 의미인지 몰라서 그냥 "네" 하고만 말았어요. 담임 선생님이 영재 교육에 관심이 많은 분이어서 우리 아이를 눈여겨본 것이었어요.

다시 한 번 비슷한 이야기를 들으니 이대로 있어서는 안 되겠다는 생각이 들었습니다. 그래서 담임 선생님이 추천해 준 대학 병원에서 심리와 지능 검사를 받았고, 생각지도 못하게 IQ 140 이상이 나왔습니다. 그 검사를 통해 성진이가 수학과 미술에 재능이 있다는 사실도 알았습니다. 아이가 그림 그리는 것을 보면서도 여느 아이들도 그렇겠거니 했어요. 밥 먹을 때도 항상 책을 끼고 있는 것에 대해서도 특별하게 생각하지 않았습니다. 아이가 여러 가지 모습으로 내게 신호를 보내고 있었는데, 바쁘다는 이유로 크게 관심을 두지 않았던 게 참 미안했습니다.

이후로 공부 잘하는 아이들이 다닌다는 수학·과학 학원을 알아보기 시작했습니다. 그 전에는 내가 일과 학위 과정 공부를 병행하며 한창 바빴기에 특별히 어떤 책을 사 주거나 특별한 교육을 시켜야겠다는 생각을 못했는데, 그때 이후로 아이들 교육에 대한 생각이 많이 달라졌습니다.

영어 교육을 위한 14개월의 캐나다 어학연수

아이들 교육에 신경을 쓰기 시작하면서 영어를 생각하지 않을 수 없었어요. 영어를 잘하면 세상을 살아가는 데 많은 도움이 될 테니까요. 아이들이 어릴 때 영어를 쓰는 사람들이 사는 곳을 경험하게 해 주고 싶었어요. 그래서 큰아이가 5학년, 성진이가 3학년, 셋째가 두 살일 때 캐나다로 가서 14개월 동안 지내다가 한국에 돌아왔습니다. 아이들과 캐나다에 있는 동안에는 학교 공부보다는 책을 많이 읽히고 싶었어요.

외국에서 아이 셋을 돌보며 아이들 독서 교육까지 내가 시킨다는 것은 무리여서 영어 원서를 읽게 하는 리딩 타운에 아이들을 보냈습니다. 리딩 타운에서는 아이들이 한 권의 책을 읽고 나면 1시간 이상 책의 내용을 확인하고 단어도 체크해 주었는데, 아이들이 제대로 알지 못한다 싶으면 같은 책을 다시 읽게 했습니다. 그렇게 테스트를 해서 통과해야만 다음 책으로 넘어갈 수 있습니다. 그런 과정을 거쳐 아이들은 200여 권의 책을 읽었습니다. 쉽지 않은 일이어서 아이들이 힘들어했지만 포기하지 않도록 옆에서 응원했습니다.

지금 생각해 보면 그런 과정을 거쳤기에 성진이가 민족사관고등학교에 들어가기 위해 영어를 준비할 때도 크게 어려워하지 않았던 것 같아요. 큰아이도 그때의 독서 경험이 많은 도움이 되었다고 합니다.

아이의 학습 환경을 만들어 주는 것 못지않게 중요한 것이
엄마가 아이의 학습 상황을 체크하고,
보다 깊이 생각하도록 유도하는 것입니다.
세상에서 가장 좋은 선생님은 엄마이니까요.

부모님이 아이와 함께 도서관에 가서 다양한 책을 읽도록 해 주는 것도 좋지만, 아이가 책을 읽은 뒤에는 내용과 어휘를 제대로 파악했는지 체크하고 테스트해서 자기 것으로 소화하도록 하는 독서 과정이 반드시 필요합니다. 그리고 영어를 잘하면 국어도 잘하게 된다는 사실을 아이들을 통해서 알게 되었습니다.

한국에서는 일과 학업을 병행하느라 아이들과 많은 시간을 보내지 못했는데, 캐나다에서 아이들과 함께 지내는 동안 아이들의 새로운 면을 깨닫게 되었습니다. 특히 성진이가 욕심이 많고 운동도 잘하며 무엇이든지 열심히 하려는 성격이라는 사실을 알았습니다.

한국으로 돌아오기 전 캐나다에서 테스트를 했는데, 성진이의 영어 실력이 캐나다의 중학교 2학년 수준으로 나왔습니다. 그래서 한국에 돌아온 뒤에는 특별히 영어에 투자할 필요가 없다는 생각에 일반 영어 학원에 다니도록 했어요. 나중에 영재학교 입시를 준비하면서는 영어 학원도 다니지 못했습니다. 고등학교 때도 영어 학원에

다니지 않았는데, 시험을 치르면 1~2개 틀리는 정도로 영어 때문에 큰 어려움을 겪지는 않았습니다.

영재학교 입시를 준비하며 대치동 학원에 가다

캐나다에서 돌아온 뒤 성진이는 초등학교 5학년 때부터 중학교 1학년 때까지 학교 선생님이 추천해 준 교육청 영재원에 다녔습니다. 그런데 영재원의 창의력 산출물이라는 과제는 방학 때 소논문 형식으로 제출해야 하는데 완성하기까지 시간이 너무 많이 걸렸습니다. 한 달에 두 번 주말에 영재원에 다녀오는 데에도 시간이 많이 소요되었습니다. 그때 성진이가 올림피아드를 준비하고 있었는데, 영재원에 다니는 것이 여러모로 도움이 안 된다고 판단해서 중학교 1학년 때까지만 다니고 그만두었습니다.

영재원의 커리큘럼과 과제물은 수준이 매우 높아서 아이 혼자서 준비할 수가 없습니다. 특히 초등학생 때 영재원의 수업을 따라가기 위해서는 필수적으로 학원의 힘이 뒷받침되어야 합니다. 그래서 저는 아이의 수준 높은 교육을 위해 반드시 영재원에 가야 한다고 생각하지는 않습니다. 영재원에 다니지 않고도 영재학교에 합격해서 서울대학교에 진학하는 아이도 보았습니다.

물론 아이가 영재원에 다닌다고 하면 남들에게 말하기에도 좋고, 학교에서는 경험하기 힘든 실험과 이론을 접한다는 장점이 있습니다. 또 영재원에 다니는 아이들 대부분이 올림피아드를 준비하기 때문에 이 과정에서 학부모들을 통해 좋은 정보를 많이 얻기도 합니다. 영재원에 다니는 아이들은 초등학생 때 이미 고등학교 수학 과정을 끝내는데, 아이들을 이 수준까지 끌어올리는 동안 엄마들이 축적한 정보와 학원 정보력은 정말 뛰어나거든요.

앞서 말했듯, 캐나다에서 돌아온 뒤 성진이는 동네의 일반 영어 학원과 수학 학원에 다녔습니다. 영어는 학원에서 늘 상위권이었죠. 그런데 영재원에 다니면서 수준 높은 과학과 수학을 접하다 보니 동네 학원만으로는 만족할 수 없었어요. 그래서 어쩔 수 없이 대치동 학원으로 보내야 했습니다.

성진이는 친구와 함께 대치동 학원에 다녔습니다. 친구의 엄마도 직장에 다녀서 아이 둘을 짝을 지워 택시에 태워 학원에 보내고, 학원이 끝나면 아이 친구 엄마와 번갈아 가며 대치동에서 분당으로 데리고 왔습니다. 육체적으로 힘든 나날이었습니다. 언론에서 다루기도 했는데, 지방에 사는 아이들이 주말에 KTX를 타고 대치동에 오는가 하면 방학 때는 아예 서울에 집을 빌려서 대치동 학원에 다니기도 합니다. 그만큼 대치동 학원의 시스템이 뛰어난 것이겠죠.

영재학교 입시에 떨어지고 난 뒤에 알게 된 것들

아이들 교육을 위해 분당으로 집을 옮기기는 했지만, 학원이나 교육에 관한 정보에 어두워서 처음에는 시행착오를 많이 겪었습니다. 더군다나 일을 하다 보니 전업 주부인 엄마들끼리만 공유하는 정보도 알 수 없었어요. 그래서 영재학교를 준비하는 성진이 친구의 엄마들이 팀을 만들어서 학원에 보낸다기에 성진이도 끼워서 같이 보내며 조금씩 정보를 얻었습니다.

예를 들면, 수학 올림피아드를 준비하는 자녀를 둔 엄마들은 아이들을 KMO(한국 수학 올림피아드)에 적합한 학원에 많이 보내는데 엠솔, CMS에 보내다가 마무리를 위해서는 미래와탐구에 보내는 식이었죠. 그래서 나도 영재학교를 준비하는 아이들이 시험 경향에 따라 학원을 옮길 때마다 성진이를 따라 보냈습니다. 하지만 엄마들 사이에 입소문으로만 퍼져 암암리에 보낸다는 그런 학원은 알 수 없었습니다. 그래서 흔히들 아는 대형 학원에만 보냈습니다.

그런데 성진이의 영재학교 입시를 준비하면서 깨닫게 된 사실이 하나 있습니다. 아이들이나 학부모가 진로를 결정해서 영재학교 입시를 준비하는 것이 아니라는 점입니다. 수학과 과학에 소질이 있는 아이들은 수학·과학에 많은 시간을 투자합니다. 당연히 수학과 과학 성적이 좋아집니다. 그렇게 두 과목에 뛰어난 아이들은 과학 고등학교를 비롯한 영재학교에 지원하는 것을 일종의 정해진 코스로

교육열이 높은 지역에서 살다 보면
경쟁심에 휘말려서 현명한 판단을
하지 못할 때가 있습니다. 내 아이의 성향과 역량은
생각하지 않고 분위기에 휩쓸려
고등학교를 선택하는 경우가 많습니다.
엄마와 아이 모두 어떤 것이 가장 좋은 선택인지
신중하게 생각해야 합니다.

생각합니다. 또 학원에 다니면서 같이 공부하는 친구들이 영재학교에 지원하니까 이를 당연하게 받아들이는 부분도 있는 것 같아요. 어떤 부류에 속해 있으면 그 부류의 분위기에 휩쓸려서 신중하지 못한 결정을 내리기도 한다는 말입니다.

돌이켜보면 나와 성진이가 그랬습니다. 성진이는 문과와 이과 성향을 고루 갖추고 있어서 수학, 과학도 잘하는 편이었지만, 사실 영재학교가 요구하는 유형의 수학과 과학을 잘하는 것은 아니었습니다. 성균관대학교가 주최한 경시대회에서 금상을 탄 것이 최고 성적이었어요. 영재학교에 합격한 아이들처럼 수학과 과학을 특별히 잘하는 아이가 아니었던 거죠. 그래서 결과가 어땠을까요? 성진이는 영재학교 입시에 떨어졌습니다.

나는 충격이 매우 컸습니다. 거의 한 달 동안 사람도 만나지 않고 집 밖에 나가는 것조차 두려울 정도였어요. 같이 영재학교 입시를 준비했던 친구들은 거의 붙었는데 우리 아이만 떨어져서 실망감이 엄청났습니다. 문과와 이과 성향을 다 가지고 있는 성진이가 혹시 이것도 저것도 아닐지 모른다는 생각이 들어 무척 속상하기도 했습니다. 그때의 그 심정은 겪어 보지 않은 사람은 모를 겁니다.

아이를 영재학교에 보내려는 엄마들은 그 과정이 너무 힘들어서 말라 죽을 것 같다는 하소연을 하기도 합니다. 실제로 주위에 입시 스트레스로 암에 걸리는 엄마도 있었습니다. 만약 한 번 더 영재학교 입시 준비를 하라면 더는 못할 것 같습니다.

고등학교가 대학교를 결정하는 것은 아니다

당시에는 성진이가 영재학교에 떨어진 것이 엄청나게 큰일로 다가왔지만, 지금 생각해 보면 그렇게 좌절할 필요가 없었던 것 같아요. 영재학교 합격과 대입의 결과가 일치하는 것은 아니기 때문입니다.

사실 엄마 입장에서는 성진이가 힘겹게 영재학교 입시를 준비했던 만큼 합격했다면 가장 좋은 결과였을 것입니다. 하지만 나중에 안 일이지만, 영재학교에 들어갔다가 학업을 따라가지 못해서 하위권에 머물다가 휴학하는 아이가 있는가 하면, 자퇴해서 일반 고등학교로 옮기는 아이도 있었습니다. 이렇게 중간에 그만둔 아이들은 일반 고등학교에서도 잘 적응하지 못합니다. 오히려 영재학교에 떨어지고 일반 고등학교에 들어가서 좋은 대학에 들어가는 케이스도 많이 봤습니다. 성진이 친구 중에는 영재학교와 민족사관고등학교에 다 떨어지고 집에서 가까운 일반 고등학교에 들어갔는데, 서울대학교 지균형으로 의대에 들어간 아이도 있습니다.

이런 케이스가 드물지 않습니다. 물론 좋은 고등학교에 가겠다고 준비했다가 뜻대로 되지 않으면 엄마나 아이나 힘들 수밖에 없습니다. 하지만 고등학교가 반드시 대학교를 결정하는 것은 아니기 때문에 특목고(특수 목적 고등학교)와 자사고(자율형 사립 고등학교)에 떨어졌다고 해서 너무 낙담할 필요는 없습니다. 일반 고등학교에 진학해서 지균형으로 서울대에 들어가는 아이들을 보면 창의력이 크게 뛰어나지도 않고 수학을 월등히 잘하지 않아도 전 과목을 골고루 잘하고 성실합니다. 이런 경우에는 엄마와 아이 모두 내신을 꼼꼼하게 잘 챙깁니다.

때로는 엄마가 욕심을 버려야 한다

주위를 보면 영재학교 입시를 준비하다가 중단하는 경우가 많습니다. 이럴 때 대부분의 학부모들은 아이에게 사춘기가 찾아와서 그렇다고 생각합니다. 물론 사춘기의 영향도 있습니다. 하지만 그게 전부는 아닙니다. 올림피아드와 영재학교 입시를 준비하는 과정은 엄마에게도, 아이에게도 무척 힘든 일입니다. 공부해야 할 분량이 많을 뿐만 아니라 난도도 매우 높습니다. 그래서 잘 따라가지 못하는 아이들이 사춘기까지 겹치면 힘들어하면서 그만두는 것입니다.

자녀가 수학을 뛰어나게 잘하면 영재학교 준비하는 것을 추천하지만, 아이가 따라가지 못할 때는 엄마의 욕심과 기대를 버리고 일찍 포기하는 것이 현명하다고 생각합니다. 내 주위에도 아이의 영재학교 입시를 준비하다가 그만둔 엄마들이 많았습니다. 엄마들은 압니다. 자기 아이가 영재학교에 들어갈 만한 역량이 되는지 안 되는지. 자기 자식이기 때문에 모를 수 없습니다. 아이의 능력이 부족하고 적성에 맞지 않는데 계속 밀어붙이는 것은 엄마가 욕심을 버리지 못해서입니다.

우리 셋째 아이(딸)도 수학과 과학을 잘하고 검사에서도 이과형으로 나와서 올림피아드를 준비시켰습니다. 그런데 성진이가 끝까지 문제에 매달려서 풀어내는 스타일인 데 반해 셋째는 좀 하다가 잘 안 되면 그만두는 스타일입니다. 영재학교 입시를 준비하면서 학원에 다녔는데 성적은 중간 정도였어요. 상위권으로 오르고 싶은데도 그게 잘 안 되니까 스트레스를 많이 받았는지 계속해서 머리가 아프다고 하소연했습니다. 병원에도 다녀 봤지만 좀처럼 낫지 않았어요. 그래서 결국 올림피아드 준비하는 것을 그만두도록 했습니다. 그랬더니 언제 그랬냐는 듯 두통이 씻은 듯이 나았습니다.

셋째가 꾀병을 부렸던 걸까요? 꼭 그렇지만은 않을 거예요. 그만큼 스트레스가 컸던 거죠. 욕심을 버리면서 마음이 좋지는 않았습니다. 셋째 친구 중에 아직도 영재학교 입시를 준비하는 아이들이 있는데, 그 아이들을 볼 때면 아쉬운 마음이 들 때도 있었습니다. 하지만 우리 셋째는 내신형인 것 같아서 목표를 바꾸자고 마음먹었습니다.

민족사관고등학교에 입학하다

영재학교 입시에 떨어진 뒤 어떻게 해야 하나 생각하던 중에 성진이가 민사고에 지원해 보고 싶다고 해서 준비를 시작했습니다. 영재학교 입시를 준비하면서 영어는 아예 손을 놓았는데, 민사고에 지원하려면 토플 점수가 있어야 한다고 해서 여름 한 달 동안 토플 공부를 했습니다(지금은 고등학교 입학 과정에서 공인 인증 영어 시험 점수를 제출하지 않도록 바뀌었다). 그렇게 한 달 동안 토플 학원에 다닌 뒤 시험을 치렀는데 107점이 나왔습니다. 고등학교 입학한 뒤에 다시 토플 시험을 치렀을 때는 스피킹에서 2점이 깎여 118점을 받았습니다. 어렸을 때 캐나다에서 영어 원서로 독서 교육을 했던 것이 많은 도움이 되었다고 생각합니다.

하지만 중학교 내신이 좋지 않아서 걱정이 많았습니다. 다행히 민사고는 용인외고(용인한국외국어대학교 부설고등학교)나 하나고등학교처럼 내신이 완벽하지 않아도 아이들의 특성을 보고 판단하는 것 같았습니다. 내가 보기에는 성진이가 수학과 과학을 잘하는 것이 부각되지 않았을까 생각합니다. 민사고는 문과, 이과, 국제반이 있는데, 성진이는 이과를 선택했습니다.

성진이가 초등학생 때였습니다. 수업 시간에 선생님이 문제 풀이를 하다가 실수를 했는데, 그걸 성진이가 지적한 일이 있었습니다. 그 일로 선생님은 자존심이 상하셨던지 성진이와 서먹하게 지냈어요. 그런데 민사고에서도 비슷한 일이 있었습니다. 수학 수업 시간에 선생님이 실수를 했는데, 성진이가 선생님의 실수한 부분을 말한 거예요. 하지만 이때는 오히려 아이의 입시에 도움이 되었어요. 그 선생님이 성진이의 세부 특기 사항에 수학이 뛰어나다고 기록해 주어서 서울대 합격에 보탬이 된 것 같습니다.

엄마가 입시 제도를 알아야 아이 성적을 관리할 수 있다

이 책을 읽는 엄마들도 짐작하시겠지만, 민사고에서도 고등학교 3학년 때 수시 원서를 쓸 때면 성적순으로 '서울대 의대, 서울대 치대…' 이런 식으로 쓰는 경향이 있습니다. 성적이 안 되면 원하는 과의 원서를 쓸 수 없는 거죠. 사정이 이렇다 보니 의대에 가려는 학생이 많은 민사고 이과는 내신이 치열할 수밖에 없습니다. 성진이가 힘들어해서 차라리 내신에 유리하도록 일반 고등학교에 진학하는 게 낫지 않았을까 하는 생각을 하기도 했습니다.

성진이가 민사고에서 성적이 뛰어나게 좋았던 것은 아니지만 학교 특유의 분위기와 잘 맞았고 또 학교를 좋아했습니다. 민사고의 가장 큰 장점은 수능에 관계없이 아이들이 하고 싶어 하는 공부를 대학 수준의 과정에서 즐기며 할 수 있다는 점입니다. 수능에 맞춘 커리큘럼이 아니어서 아이들의 수능 점수가 잘 나오지 않기 때문에 대부분 수시로 대학에 들어갑니다. 또 학부모들이 말하기를, 민사고 이과 아이들은 서울대, 카이스트, 포스텍, 의대 외에는 대입 원서를 잘 안 쓴다고 해요. 그래서 원하는 대학에 못 가면 재수, 삼수를 하는 아이들도 많아서 민사고 보내기를 꺼려하는 엄마들이 많다고 합니다.

1~2년 재수를 하는 것이 아이로서도, 부모로서도 속상한 일이겠지만, 인생을 길게 보면 고등학생 때 아이들이 수능 성적에 관계없이 자부심을 갖고서 자신이 하고 싶은 분야의 공부를 하고 거기에 대해 학교의 지원을 받는 것은 좋은 경험인 것 같습니다.

이과를 선택한 아이를 둔 엄마들이 대부분 그렇듯 나도 성진이가 의대에 진학하기를 바랐습니다. 그런데 성진이는 매우 심취할 정도로 생명과학을 좋아했어요. 그래서 성진이가 고등학교 3학년 때는 전공 학과를 두고 우리 부부와 갈등을 빚기도 했습니다. 부모가 생각하기에 연구원의 미래가 그리 안정적일 것 같지 않았거든요. 우리 부부는 계속 성진이를 설득했고, 결국 성진이는 서울대 치대에 지원했습니다.

서울대 치대에 지원할 때 성진이가 성적이 좋았기 때문에 당연히 합격할 줄 알았습니다. 그런데 다른 아이들은 붙고 성진이만 최초 합격에서 떨어진 거예요. 보통 서울대 면접을 준비할 때는 대치동 학원에 다니면서 자기소개서 쓰는 방법과 면접 요령을 배우는데, 성진이는 스스로 준비하겠다며 사교육 도움을 받지 않았습니다. 면접장에서 흔히 말하는 모범 답안이 아니라 자신의 생각을 펼쳤는데, 그게 면접관에게 거슬렸던 것 같다고 하더군요. 아이가 혼자 할 수 있다고 해도 엄마가 신경 써 줘야 했는데 그렇지 못해서 최초합(최초합격)에서 떨어졌나 보다고 자책하기도 했습니다.

아이들 교육과 입시를 대하는 엄마들의 모습이 천차만별입니다. 어떤 엄마는 학교와 학원에 모든 것을 맡기는가 하면, 어떤 엄마는 하나부터 열까지 세세하게 챙깁니다. 나는 엄마가 교육 제도와 입시 흐름을 어느 정도 파악하고 있어야 한다는 쪽입니다. 그래야 아이가 놓치고 있는 것을 챙길 수 있고, 스케줄 관리도 해 줄 수 있으니까요.

성진이가 중학생 때, 후에 서울대 의대에 진학한 성진이 친구의 엄마가 "내신이 제일 중요한 거 아닌가요?"라고 동의를 구하듯이 물은 적이 있습니다. 그때 나는 아는 게 없어서 "그런가요?"라고 되물었어요. 그 엄마는 그때부터 이미 입시 흐름을 파악하고 어떻게 준비해야 할지 알았던 거예요. 당연한 말이지만 교육부의 입시 정책을 거슬러서는 안 됩니다. 혹시 교육정책이나 입시가 자신의 생각과 일치하지 않는다고 하더라도 아이가 좋은 학교에 진학하기를 바란다면 엄마가 교육과 입시에 대해서 어느 정도 알고 있어야 해요.

10만 킬로미터, 아이 교육을 위해 달린 거리

사실 성진이가 크게 모나지는 않았지만, 그렇다고 모범생이라고 말할 수는 없었습니다. 초등학교 6학년 때는 성진이가 담임 선생님과 맞지 않아서 성진이도 나도 힘들었어요. 친구들과 사이가 좋아서 학급 반장을 했지만, 수업 내용이 지루하다며 제대로 듣지 않는가 하면, 자신이 좋아하지 않는 과목은 거들떠보지도 않으려고 했어요.

중학교에 진학한 후 수학과 과학은 잘했지만, 다른 과목은 성적이 들쑥날쑥했어요. 잘해야겠다는 생각이 들면 집중하지만, 좋아하지 않는 과목인 한문이나 중국어는 전혀 신경을 쓰지 않았어요. 친구들과 사이좋게 잘 지내다가도 아니라고 생각하는 것에 대해서는 명확하게 표현해서 언쟁이 붙기도 했어요. 호불호가 강해서 선생님들과 불화를 일으키는 일도 있어서 마음이 조마조마할 때도 있었습니다.

성진이는 세 아이 중에 가장 말이 잘 통하고 엄마를 생각해 주
는 아이였지만, 개성이 강해서 마음대로 되지 않는 아이였어요. 민
사고는 기숙사 생활을 해야 하기 때문에 주말에 학원에 데리고 가려
면 왕복 500킬로미터 넘는 거리를 오가야 했습니다. 어느 때는 학교
에 도착해서 전화를 했는데 성진이가 기숙사에서 나오지 않는 거예
요. 학원에 가기 싫다면서요. 너무 속이 상해서 영동 고속도로를 달
려 집으로 오는 내내 눈물을 흘렸습니다.

그렇게 3년 동안 분당과 강원도를 오간 거리만 10만 킬로미터였
어요. 택시도 3년 동안 주행 거리가 그렇게 많이 나오지는 않는다고
하더군요. 다시 똑같이 하라고 하면 절대 못할 것 같습니다. 평일에
일하고 주말에 아이 교육을 위해 분당과 강원도를 오가는 일이 나에
게도 아이 못지않게 힘든 일이었어요.

교육은 부모와 아이가 동행하는 것

남편이 일을 하면서 계속 공부를 했고, 나도 성진이가 초등학생
일 때부터 석사 학위를 준비해서 고등학생일 때 박사 공부를 마쳤습
니다. 부모가 꾸준히 공부하는 모습을 보여서인지 아이들이 집에서
TV를 보는 일이 드뭅니다. 다만 게임은 여느 아이들과 마찬가지였
어요. 아이들이 공부할 때면 방문을 열어 놓게 했어요. 식탁에서 보

면 공부를 하는지, 게임을 하는지 보입니다. 어떨 때는 몇 시간씩 게임을 하기도 해요. 그럴 때는 내가 스트레스 받지 않고, 게임 때문에 아이와 다투지 않으려고 많이 참고 무던히도 노력했어요. 아이들이 어느 정도 자라면 부모가 관리한다고 해서 따라오는 것도 아니고, 게임에 빠져드는 시기도 지나갈 것이라고 믿었기 때문이죠. 다행히 학원 숙제가 많아지면서 게임을 하더라도 스스로 조절했습니다.

성진이 친구 중에는 엄마가 간섭하는 게 싫어서 엄마 전화번호를 스팸 번호로 저장해 놓은 아이도 있었어요. 공부를 잘하는 것도 중요하지만 부모와의 정서적 관계도 중요하다고 생각해요. 다행히 성진이는 엄마를 잘 따라와 주었습니다. 지금 돌이켜보니, 성진이와 나는 아주 힘든 산을 함께 올랐던 것 같아요. 때로는 갈등을 빚기도 했지만, 그때의 기억도 이제는 소중한 추억으로 남아 있습니다.

한때는 성진이 때문에 힘들어서 울 때도 있었지만 지금은 그 어떤 사람보다 나를 잘 이해해 주고 많은 것을 함께하는 든든한 아들로 많은 기쁨을 안겨 주고 있습니다. 내 인생에서 입시의 험난한 길은 아직 끝나지 않았습니다. 셋째와의 또 다른 길이 계속되고 있지만 첫째, 둘째와 함께 무사히 잘 끝냈듯이 마지막까지도 잘해 내리라고 믿습니다. 여전히 나와 같은 길을 걷고 있는 대한민국 엄마들에게 파이팅을 보냅니다.